내 편이
있다는 건

양문희 에세이

책나무출판사

| 목차 |

말라버린 엄마의 눈물 · 6
맏이 · 11
아버지는 왕따 · 19
아픔이 부른 또 다른 아픔 · 29
친척이란 이름이 부담스러운 건 · 35
그 남자 1 · 40
그 남자 2 · 46
임신 그리고 결혼식 · 53
또 한 번의 꽃다발 · 57
첫 아이와의 만남 · 61
잘 살고 있어 · 68
소식 · 72
내 신앙은 · 82
적정선 · 86
별반 다르지 않았다 · 91
생각 차이가 하늘과 땅 차이 · 96
양심은 내 편이 아니다 · 98
자리만큼 책임도 · 101
한 면이 있다는 건 다른 한 면이 존재한다는 것 · 104
약속은 지키는 것 · 108
참음의 다른 이름 · 112

그리움을 찾아서	· 114
그대 남긴 숨결이 내 삶이 되어 찾아오다	· 123
추억을 비추는 불빛	· 125
늙어가는 길목에서	· 128
사과 꽃향기	· 133
어둠 속에서 밝은 아침이 온다	· 137
계단 투어	· 142
내가 선택한 사람(부부)	· 147
평범한 일상이 나의 행복	· 151
기다리는 행복보다는 누리는 행복으로	· 154
너 없는 방에서	· 157
작은 것 하나가	· 161
작은 도시에서 행복 찾기	· 165
멈춰버린 가을 소풍	· 167
관계의 힘	· 173
선택한 만큼 살아가는 삶	· 178
시소 타는 부부	· 187
내 편이 있다는 건	· 192
조카 결혼식	· 198
아이의 하루	· 202

에필로그 · 204

> 내 편이 되어주길 바라기 전에
> 내가 먼저 내 편이 되어주자

말라버린 엄마의 눈물

엄마는 다섯 남매를 낳아 기르며 평생을 집안일에 전념해 오셨다. 육아는 물론 집안일과 바깥일까지 쉴 틈 없이 일과 함께한 세월이었다. 아내이자 며느리로, 엄마 그리고 가족이라는 이름으로 살아오신 엄마. 그런데 우리는 엄마를 진정 가족으로 생각하며 대했는지 묻고 싶다.

어른이 되어서야 엄마의 일생이 보였다. 가족이라는 끈으로 묶어 놓고 희생만 강요하며 고생은 모두 엄마의 몫인 양 여겨왔던 삶. 예부터 부부는 일심동체라 했다. 너무 가깝다는 의미로 촌수도 없는 무촌이라 불리기도 했다. 그러나 그 말속에는 지켜야 할 예의와 존중이 무너진 채, 너무나 익숙해져 버린 편함만이 남아 있었다. 가까울수록 예의를 잊고, 그 잊음이 상처로 이어졌음을 나는 뒤늦게 깨닫는다.

돌아보니 엄마의 삶이 한 사람의 인격으로 살아오지 못한 것 같아 마음이 아프다. '여자의 일생'이라는 노랫말처럼 여자이기 때문에 많은 걸 참고 견뎌야 한다는 말에 세뇌당하며 살아온 것만 같다. 엄마 시대 때는 다 그렇게 살아왔다고 당연시 여겼지만 그건 당연한 것이 아니라 여자로서 참아야만 했던 것이다. 속이 썩어 병이 나도 말이다. 내가 시집을 가기 전까지는 그렇게 사는 것이 맞나 보다 했다. 숱한 아픔을 감내하고 살아가는 엄마를 보면서 말이다.

어릴 적에 남자는 바깥일을, 여자는 집안일을 해야 한다는 이야기를 들은 적이 있다. 그 소리를 들으면서 이해가 가지 않았다. "바깥일은 남자가 한다면서 왜 우리 엄마는 바깥일까지 다 하는 거지?" 궁금했지만 묻지 못했다. 무엇인지는 모르겠으나 물으면 안 될 것 같았다. 나중에 조금 커서야 그 의미를 알았다. 밖의 일이라는 것은 단지 노동이 아니라 '결정권'이 따르는 일이었고, 엄마는 늘 실행만 할 뿐 결정권은 없었다는 것을.

아버지는 장남에 장손이며 가장이라는 짐이 무척이나 무거웠을 것이다. 부모님은 물론 동생들이 줄줄이 다섯 명이나 있었기에 가부장적인 남자로서 처자식보다는 부모와 동생들이 먼저였을 것이다. 결정권을 가진 아버지가 좀 더 엄마의 마음을 헤아려 고생한다, 고맙다는 따뜻한 말 한마디 해줬더라면 얼마나 좋았을까. 아버지는 고집이 세고, 빈틈없는 성격에 본인이 한 번 옳다 하는 일은 절대 굽히지 않는 분이시다. 그런 성격 탓에 마을 사람들과 싸우는 일이 잦았다. 발달 된 사건이 종결될 때까지 모든 화풀이 대상은 늘 엄마였다. 심지어 할아버지까지 엄마에게 갖은 짜증과 어리광을 부리셨다. 그 모든 오물받이가 되어버린 엄마는 받았던 오물들을 어디에도 버리지 못하고 쌓이고 쌓인 설움은 가슴 깊이 차곡차곡 묻혀졌다. 내가 기억하는 엄마의 시집살이는 이루 말할 수가 없다. 내가 시집이라는 것을 와서야 엄마에게 있었던 모든 것들이 시집살이임을 알았다. 어릴 때는 그것들이 당연한 줄로만 알았다. 힘들겠다는 생각은 했지만 그뿐이었다.

어느 날 문득 알게 되었다. 할아버지, 할머니 돌아가셨을 때 빼고는 엄마의 눈물을 본 적이 없다는 것을. 그 아픈 세월을 살아오시면서 한 맺힌 설움이 왜 없었을까? 눈물을 흘려도 한강이 되어 넘실댔을 것이다. 울지 않으신 걸까, 울 수 없었던 걸까. 여자의 삶을 포기하고, 사람으로서 존중받고 싶다는 꿈마저 버렸다는 의미였을까…. 눈물을 보이지 못하는 그 모습이 짠하고 가슴이 저며온다.

엄마는 3개월 동안 중환자실에 계시다 돌아가셨다. 눈은 뜨고 계셨지만 말할 수 없고, 눈 맞춤도, 대화도 할 수 없었다. 그저 숨만 쉬고 눈만 떠 있는 상태였다. 면회하는 동안 가끔 엄마의 눈에서 흐르는 눈물을 본 적이 있다. 그 눈물을 보면서 혹시 감각이 돌아오고 의식이 있는 것은 아닌지 희망을 품었다. 딸인 나를 보고 울고 있는 엄마가 "나 괜찮아! 괜찮아!" 눈물로 알리는 듯해서 간호사에게 말을 전한 적 있다. "엄마가 제 말을 듣고 눈물을 흘려요. 의식이 돌아오는 것 아닐까요?" 간호사의 대답은 단호하게 아니라고 답한다. 병상에 누워 흐르는 엄마의 눈물은 가슴 깊이 쌓인 응어리가 녹아 새어 나온 듯했다. 그마저도 병아리가 물 마시듯, 한 줄기 흘리다 멈춰버린다. 그 눈물은 결국 풀리지 못한 응어리였으리라.

가장 편안해야 할 가족이 보호막이 아닌 올무가 되어 버린 삶. 그래서일까. '엄마'라는 이름을 부르면 아프고 눈물이 난다. 엄마의 희생이 아닌 우리 모두 함께 행복할 수 있는 배려가 필요했는데 그땐 알지 못했다. 시대는 많이 변했다. 누구의 행복을 위해서라면 나 하나쯤 희생해도 된다는 그 생각은 고귀함이 아닌 불행의 씨앗이 되는 지름길임을 이제는 부인하고 싶지 않다. 엄마는 행복이 아닌 다른 씨앗이 떨어져 자라나고 있었음에도 스스로 행복 나무라 여기며 묵묵히 그 삶을 견뎌 내고 계셨다. 작은 가족이라는 숲은 엄마의 희생으로 자랐고 우리는 그 안에서 꽃을 피웠다.

엄마… 보고 싶다.

맏이

60·70(육공·칠공)세대를 걸어온 걸음을 뒤돌아볼 때 먼저 나오는 건 한숨이다. 아련한 추억과 아쉬움과 아픔이 함께하는 맏이인 우리 언니가 생각난다. 맏이라는 이유로, 딸이라는 이유로 희생과 고생을 도맡아 엄마의 삶처럼 살아야만 했던 언니. 그 세월은 누구에게도 보상받지 못했다. 장남이자 장손으로 무게를 짊어진 아버지마저 언니의 희생을 외면하셨다.

우리 집은 2남 3녀로 언니, 큰오빠, 작은오빠, 나 그리고 여동생으로 5남매이다. 그 시대에는 모두 그랬다는 말 한마디로 희생을 덮어버리는 무심한 말은 더 큰 실망과 아픔을 안겨 주었다. 공부보다는 먹고 살기에 급급했고 일이 우선이었다. 나의 학교생활도 농번기 때는 학교를 빠지는 날이 많았다.

언니와 나는 아홉 살 차이가 난다. 언니가 나를 업고 키웠다는 이야기를 종종 듣곤 했다. 농사를 지으셨던 부모님은 농번기 때면 언니를 학교에 보내지 않고 젖먹이 나를 언니 등에 맡겼다. 엄마가 일하는 곳을 따라다니며 젖 물릴 때를 챙기는 일까지 떠맡아야 했다. 그러다 보니 학생으로서의 삶은 늘 뒷전이었다. 한날은 마을에서 아버지 갑계로 여수 여행을 가는 날이었다. 그날도 언니 등에 나를 맡기고 함께 여수로 향하는 기차에 올라탔단다. 그 얘기가 나에겐 너무나 충격이었다. 엄마, 아버지를 다시 보게 되고 또 생각하게 되고 어떻게 이해해야 할지 몰랐다. 그때 언니 나이가 많아야 열 살이나 열한 살이었을 텐데. 지금 열 살, 열한 살 아이를 보면 너무나 어리고 마냥 엄마에게 투정 부릴 나이이건만 그때의 언니 삶은 어떤 색으로 물들여져 있을까? 마음이 아팠다. 왜 엄마마저 그랬을까 원망도 올라왔다.

사실 언니와 나는 친하지 않다. 아니, 친할 시간이 없었다. 언니를 기억할 수 있는 나이가 되었을 때는 내 곁에 없었다. 언니는 초등학교를 마치고 서울로 돈 벌기 위해 집을 떠났다. 그 어린 나이에 부모를 떠나 낯선 서울에서 홀로서기를 해야 했다. 언니를 기억하는 한 장면은 내가 초등학교 2학년 가을, 하얀 얼굴의 예쁜 서울 언니가 골목에서 웃으며 자전거를 타던 모습이다. 그것도 쑥스러워 대문 뒤에 숨어 얼굴만 살짝 내밀어 살펴보는 것 그 이상도 할 수 없었다. 언니가 아닌 먼 친척과 같은 어색함, 불편함이 숨을 쉬고 있는 공기까지도 합세했다. 그 자리에는 사진기를 든 남자도 함께 있었다. 어린 나이에도 언니의 남자 친구, 곧 형부가 될 사람임을 직감했다.

4학년 때 동생과 나는 서울에서 내려온 셋째 작은엄마를 따라 서울에 가게 되었다. 형부가 몇 번이고 올라오라는 편지를 보냈기에 아버지께서 여름방학을 맞이하여 보내 주셨다. 기차를 타고 서울로 가는 동생과 나에게는 잊지 못할 에피소드가 있다. 검정 고무신을 신고 기차를 탄 동생은 신발을 벗어 의자 밑에 숨기고 갔다. 화장실을 가고 싶어도 검정 고무신이 창피하여 참다 참다 마지못해 가는 우스운 광경이 벌어지기도 했다. 나는 파란색 남자 운동화를 신었다. 양옆이 다 찢어져 까치발을 세워 의자 밑으로 발을 젖혀 빼고 숨긴 채 갔다. 그 신발 때문에 아버지께 크게 혼나기도 했다. 남자 신발 신고 학교 못 간다고 했다가 손이 발이 되도록 빌었던 기억이 남아 있다. 일년을 훌쩍 넘게 신었던 이 파란색 신발은 나의 아픔이다.

언니 집에 도착했다. 차도 많고 집도 빼곡하게 붙어있다. 서울 집은 시골 창고 문 열 듯 이 문 열면 언니 집, 옆문 열면 남의 집. 이처럼 문만 다를 뿐 지붕은 하나로 죽 이어져 있었다.

화장실도 공동 화장실을 사용했다. 그 모습이 서울 모습이려니 실망보다는 '서울이니까'라는 말로 모든 것이 좋게만 보였다. 언니 집 문 앞에는 짜장면집이 있었다. 주방에서 일하는 아저씨의 모습을 그대로 볼 수 있었다. 다락방에서 짜장면 만드는 모습을 보고 있는 것만으로도 행복했던 기억이 난다. 내 코를 자극하는 냄새는 더더욱 나의 침샘을 쉬지 않게 만들었고 목젖을 타고 내려가는 침은 마치 짜장면을 먹는 듯한 착각마저 들게 했다. 언니는 우리의 마음을 읽었는지 짜장면을 시켜주었고 우리는 생전 처음으로 먹어본 짜장면에 너무너무 행복했다. 그 당시 짜장면 한 그릇 값은 500원이었다. 형부는 어린 처제들이 예쁘다며 동생과 나에게 머리에서 발끝까지 새 옷으로 다 바꿔주셨다. 이쁘다는 말은 그냥 하는 소리일 테고 초라함과 촌스러움이 고스란히 묻어나는 차림새의 어린 처제들이 짠해 보였을 터이다. 서울 구경은 물론 먹어보지 못했던 새로운 음식도 많이 먹었다. 그래도 지금까지 기억에 남는 건 짜장면이다.

언니는 부모님도 안 계시고 3남 2녀 중 장손에 장남인 형부와 결혼했다. 좋아하는 마음이란 인력으로 되는 일이 아니기에 고생길을 알면서도 언니는 험난한 길을 들어섰다. 그땐 몰랐겠지. 좋아하는 사람과 함께 한다는 그 사실만이 진실이었을 테니. 시집에도, 친정에도 맏이의 짐은 너무나 버거웠다. 그 버거움을 같이 짊어진 형부도 너무 좋은 사람이었다. 언니에게도 잘하고 양쪽 집에 잘하려고 무던 애를 쓰셨던 분이다. 까칠하고 간간한 우리 아버지가 좋아하는 형부라면 얼마만큼 잘했다는 건지 알 수 있는 부분이다. 칭찬하지 않는 아버지가 '우리 정서방, 우리 정서방' 하셨으니 알 만하다. 부모가 목돈을 들여 집을 얻어주고 서울 생활을 시작해야 할 오빠들의 사회 초년 시절을 형부와 언니가 감당했다. 우리 가족은 형부의 배려로 편하게 신세를 졌다. 돌이켜 보면 누구든 그리 쉽게 할 수 있는 일이 아니었음을 너무나 늦게서야 알게 되었다. 좋을 땐 좋다는 이유로 무심히 지나치고, 제각각 바쁘다는 이유로 신세 진 일은 없는 일처럼 묻어버렸다. 남은 것이라곤 말뿐, 아니 말조차 남지 않았다. "신세 졌다고, 덕분에 잘 보낼 수 있었다고" 이 말도 제대로 남기지 않았기에 침묵은 침묵한 이의 마음속에 자리 잡고 있을 뿐이다. 그렇게 어려운 형편에서도 행복하게 살고 있던 어느 날 형부에게 청천벽력 같은 일이 생겼다. 대장암 말기로 사형선고를 받았다. 한 사람이 여러 사람의 노릇 하느라 참고 견딤이 암이라는 병을 가져왔나 싶었다. 병명을 알고 난 이후 한 달도 안 되어 형부는 우리 곁을 떠났다.

부모는 같은 손가락이라도 조금 더 아픈 손가락이 있다고 한다. 우리 아버지에게 아픈 손가락은 누구였는지 아직도 잘 모르겠다. 아들만 애지중지 찾는 분이라는 것은 알고 있다. 나는 부모가 된 지금 생각해 보면 맏이인 언니가 가장 아프고 안쓰러울 것 같다. 조금이라도 도움이 될 수 있다면 하나라도 더 챙겨주고 싶었을 것 같다. 그런데 아버지는 그렇지 않았다. 형부가 돌아가시고 나서 언니에게 소홀해지셨다. 엄마는 혼자된 언니가 안쓰러워 마음 아파했지만, 뜻대로 할 수 있는 일은 아무것도 없었다. 가을에 거둬들인 쌀이며 고춧가루, 김치까지 다른 자식보다 더 챙겨주고 싶은데 그것도 엄마 마음일 뿐 아버지는 그렇게 해주질 않았다. 깊은 속은 알 수 없지만 간간이 들리는 소리에는 정서방 있을 때는 자주 오고 잘하더니 없으니깐 잘 내려오지도 않고 부모에게 잘하지도 않는단다. 형부가 잘했던 것은 언니가 있었기 때문이다. 언니에게 고맙고 사랑한다는 표현을 친정 부모님에게 더 신경 쓰고 잘했던 것임을 정녕 모르신 걸까. 혼자 자식 키우며 살기가 얼마나 힘겹고 버거운 줄 모를 리 없건만 그 와중에도 부모라는 위치에서 효도는 받고 싶으셨나 보다. 다른 자식에게는 가을걷이하면 시골에서 나온 모든 곡류를 종류별로 택배로 보내면서 맏이인 언니에게는 보내지 않았다. 엄마가 사정사정해서 고춧가루 조금 보내고 쌀 1가마니 보내는 것이 전부였다. 그것도 얼마나 생색을 내시는지 그 모습도 난 싫었다.

긴 세월이 흘러 엄마가 먼저 돌아가시고 아버지 혼자 계시면서도 큰언니는 여전히 아버지 마음에서 옆으로 치우쳐지는 자식이었다. 돌아가실 때가 가까이 와서도 재산을 남겨주는 것조차 언니 앞으로 되는 것은 없었다. 끝까지 아버지에게 맏이의 수고와 고생은 보상받지 못했다. 유튜브 강연을 보면서 아주 조금이나마 아버지를 이해할 수 있었다. 아버지도 피해자였다. 장남으로서 열심히 살아왔건만 돌아온 건 수고했다는 말 대신 부모에게 인정받지 못하고 동생들을 위해 수고했던 모든 것의 결과는 외면이었다. 그래서였을까 술만 드시면 항상 반복적으로 말씀하셨던 할아버지에 대한 서운함과 동생들의 외면으로 홀로 외로이 보내는 당신은 언제나 피해자였다는 것임을. 아버지도 자신의 아픔에 갇혀 다른 이들의 고통을 돌아볼 여력이 없으셨다. 너무 큰 상처에 묶여 세월을 갉아먹듯 살아오신 것이다. 지금 돌이켜 보면 언니를 외면하신 건 어쩌면 아버지 자신을 외면한 것이 아니었을까 싶다. 언니의 모습 속에서 보고 싶지 않고 인정하고 싶지 않은 자신의 모습이 진하게 드리워져서.

아버지가 돌아가시고 문득 생각이 날 때면 덩달아 따라오는 사람은 언니였다. 언니를 생각할 때도 아버지가 덩달아 따라온다. '부모와 자식이란 이런 것이다.' 하고 단정할 답은 없다. 그 관계가 무조건적이지도, 언제나 존경의 대상이 될 수도 없기 때문이다. 슬픈 일이지만 가족이 가장 아프게 할 수 있는 존재이자 아물지 않는 상처의 흔적을 남긴다. 아버지는 할아버지로 인해, 형제들로 인해 평생의 삶을 치유받지 못한 채 생을 마감하셨다. 아버지의 삶은 상처 남은 아픔으로 끝나셨다. 그러나 언니는 아직 시간이 있으니 마음의 상처를 치유하고 스스로에게 보상을 해주며 행복하게 살아가길 바라본다.

아버지는 왕따

마당 한쪽에 커다란 누렁소 한 마리가 말뚝에 끈이 묶인 채 앞발 뒷발을 움직이며 한가로운 시간을 누리고 있다. 배설물이 뒤섞여 소가 머문 주변은 질퍽거림이 직접 걸어보지 않아도 느껴진다. 파리가 소를 성가시게 한다. 쉴 새 없이 흔들어대는 꼬리가 바쁘고, 하얀 거품을 흘리며 하루 종일 되새김질하는 입도 바쁘다. 그리 넓지 않은 마당에 누렁소는 그늘진 마당에서 큰 눈망울을 끔벅거리며 나름의 자유를 만끽하고 있다.

내가 여덟 살쯤 아버지 남동생이 장가를 갔다. 내겐 작은아버지다. 작은엄마는 운봉이라는 먼 곳에서 시집을 왔다. 우리 집은 할아버지, 할머니께서 주무시는 큰방이 있고 엄마, 아버지께서 주무시는 작은방이 있다. 그리고 아랫방이 있었다. 그곳에서 작은아버지와 작은엄마가 한 달 남짓 같이 살았던 기억이 있다. 녹색 저고리에 빨간 한복 치마를 입은 작은엄마 모습이 아직도 눈에 선하다. 하얀 얼굴에 빨간 립스틱을 바른 입술 그땐 참 이뻤다. 파리한 입술에 항상 두건을 둘러쓴 엄마 모습과 비교되었다. 아침마다 아랫방에서 나오는 작은 엄마를 보면 누가 시키지 않았는데도 기다렸다가 달려가 "안녕히 주무셨어요?" 해맑게 인사를 하곤 했다. 어린 마음에 작은엄마한테 이쁨받고 싶었나 보다.

  이른 아침 부엌은 언제나 엄마 혼자 동분서주로 바쁘다. 아홉 명의 가족 식사 준비를 하는 손이 쉴 틈이 없다. 나흘, 닷새가 지나도 작은엄마는 부엌에 일찍 나오는 날이 없었다. 내 마음은 점점 불편해졌다. 어린 내 눈에도 엄마만 바쁘고 힘든 일 다 하는 것 같아 기분이 좋지 않다. 엄마는 새벽 일찍부터 밥 준비하느라 바빠서 나를 깨워 아궁이 밥솥에 불을 때게 했다. 그런데 작은엄마는 상 차릴 때쯤 나와서 해놓은 밥을 먹는다. 어린 나였지만 기본 예의, 눈치는 있었기에 시집온 새댁이라면 일찍 일어나 밥 준비해야 한다는 것을 인지하고 있었다. 그런데 작은엄마는 같은 마을에 준비된 집으로 이사 갈 때까지 늦게 일어나 준비된 아침을 먹었다. 할아버지, 할머니는 그 일에 대해서는 전혀 관심이 없다는 듯 늦게 나온 작은엄마 인사에 웃는 얼굴을 보인다.

  "엄마, 왜 작은엄마는 늦게 나와? 왜 엄마만 아침밥 준비를 하냐고? 엄마가 말 좀 해 일찍 나오라고!" 투정하는 내 말에도 엄마는 아무 대꾸도 없다. 매일 늦장 부리며 나와도 누구 하나 작은엄마한테 부엌일 도와주라는 말 한마디 하지 않는다. 모든 어른이 다 미웠다.

여름 해 질 녘 큰 소리가 났다. 아버지와 작은아버지가 싸우고 있다. 무엇 때문에 싸우는지는 모르겠다. 내 어린 마음엔 또 아버지가 술 드셨기 때문에 싸우는 거라고만 생각했다. 누렁소가 메어있는 자리 부근에서 언성을 높이며 싸우다 서로 밀치는 몸싸움까지 일어났다. 할아버지는 그 광경을 보고 아버지를 향해 화를 내시며 욕하신다.

"저놈 새끼 술 처먹고 와서 또 지랄하고 있다. 그만 못 허냐? 네가 뭘 잘했다고 술 처먹고 와서 큰소리여 시방"

그 순간 아버지는 소가 묶여 놀던 질퍽거리는 곳에 쿵 하고 뒹굴려 넘어졌다. 작은아버지가 아버지를 밀친 것이다. 그 순간 술에 취한 아버지가 밉기보다 불쌍했다. 술 취해 힘도 없는 분을 밀어 넘어뜨리는 작은아버지가 미웠다. 그때 나는 할아버지, 할머니 두 분 중 누구라도 작은아버지를 꾸짖을 거라 생각했다. 그런데 아무런 말이 없다. 그저 할아버지는 혼잣말처럼 아버지에 대한 못마땅함을 쏟아내고 계셨다. 동생이 형을 때린 건데 잘못한 것에 대한 훈계가 없다. 엄마는 아버지를 일으켜 세우려고 달려갔고 작은엄마는 작은아버지 팔을 잡으며 괜찮냐는 듯 어깨에서 팔목까지 쓸어내린다. 그 모습 속에서 나는 여러 가지 생각이 오갔다. 왜 작은아버지가 동생임에도 형을 넘어뜨리는지, 왜 할아버지와 할머니는 아버지가 괜찮은지조차 묻지 않는지, 왜 작은아버지를 혼내지 않는지 혼란스러웠다. 그사이 아버지는 엄마 손을 뿌리치며 일어나 할아버지를 향해 소리친다

"내가 뭘 그리 잘못했소. 장남이라고 가르쳐 주기를 했소. 그렇다고 논 한 마지기를 줬소. 정님이 시집갈 때도 아부지가 해주라고 한 대로 다 해서 시집 보냈고, 일규 동생 장가보낸다고 집 사주라고 해서 쌀 80가마니 빚 얻어 집 사주고, 또 집을 수리 해야 한다고 해서 지금 수리하고 있고 그런데 나는 뭐요? 장남이라고 빚만 잔뜩 얹어줘 놓고 술 먹었다고 뭐라 하는 거요? 술 안 먹고는 내가 죽을 것 같아서 먹었소. 나는 그것도 못허요? 네? 그리고 성우 엄마 그만 좀 미워해요"

아버지의 한 맺힘이 토해져 나왔다. 그러곤 밖으로 나가셨다.

"저런 미친놈. 술 처먹고 지 애비한테 대드는 것 봐. 에잇"

할아버지는 담배를 꺼내 물고 불을 붙인다. 정님이는 큰고

모이다. 일규는 첫째 작은아버지다. 성우는 나의 큰오빠다. 그 날 저녁 늦은 시간까지 술을 드시고 들어오신 아버지의 억울함 소리는 밤새 엄마 귀에 쟁쟁거렸다.

한해, 두 해 세월이 지나면서 셋째, 넷째, 막내까지 시집, 장가를 보내는 일은 모두 장남인 아버지 몫이었다. 4남 2녀인 아버지 형제는 그렇게 아버지 희생으로 분가했음에도 돌아온 건 왕따였다. 아버지께서 술을 마시고 말로 술을 깨는 일은 아버지가 살기 위한 수단이었다. 장남이라는 이유 하나로 부모님을 모셔야 했고, 형제자매의 분가까지 책임져야 했다. 그 과정에서 생긴 빚은 고스란히 아버지의 몫이었다. 예전에는 부잣집 양반이었다는데 어느 순간부터 가사가 기울었다고 한다. 아버지에게 물려주는 건 오로지 빚뿐이었다. 아버지로서는 억울하고 분하고 화병이 날만 했다. 술로 하루하루를 달래야만 살아갈 수 있었던 것임을 다 커서야 알았다. 그럼에도 아버지를 이해하기보단 아버지 때문에 힘들었던 엄마가 더 커 보였다. 아버지가 힘든 만큼 엄마의 힘듦도 알았더라면 좋았을 텐데 아버지는 자신의 힘듦만 커서 부인과 자녀의 힘듦을 전혀 보지 못했다. 술을 의지하며 자신의 분함을 토해내야만 살 수 있었던 아버지. 그 모든 오물받이가 된 엄마는 서서히 시들어가고 있었다. 숨소리가 줄고, 말이 줄고, 웃음마저 사라졌다. 얼굴엔 나이보다 훨씬 깊은 주름살만이 자글자글 새겨졌다.

중학교 2학년 6월 3교시 수학 시간이었다. 수학 선생님이 내 이름을 부르시더니 "가방 싸서 집에 가봐라. 할아버지 돌아가셨단다" 이렇게 말씀하신 선생님은 우리 마을 분이셨다. 그 순간 일찍 집에 간다는 사실에 기분이 좋았다. 가방을 싸서 자전거에 묶고 비포장길을 달리고 있는 나는 평소와 크게 다르지 않았다. 태어나 처음 가족의 죽음을 마주했다. 할아버지의 자리가 내게 그리 크지 않아서인지 슬픔은 크지 않았다. 기억나는 건 치질 때문에 늘 고생하셨던 할아버지의 모습이다. 자주 한복 바지 끈을 느슨하게 풀어 손을 넣고 있는 날이 많았다. 오래 앉아 있는 것도 힘들어하셨다. 화장실을 다녀오실 때면 한복 바지에 작은 얼룩이 남아 있던 장면도 또렷이 기억난다. 지금 생각해 보면 그만큼 많이 아프셨던 것 같다. 또 한 가지 우리 집에서는 맛있는 것, 좋은 것, 새로운 것은 모두 할아버지 것이었다. 라면이 처음 나왔을 때도 할아버지만 라면을 드실 수 있었다. 라면 한 봉을 끓이면 할아버지는 꼭 반을 남겼고 그 반은 언제나 큰방 장롱 아래에 한나절을 보내고 나서야 부엌으로 나왔다. 부엌으로 나왔다는 건 못 먹으니 버리라는 것이다. 동생과 나는 불어 터진 라면이라도 먹겠노라 수저를 들고 퍼먹었던 기억이 생생하다. 그리고 할아버지 방에는 수리미(오징어채)가 항상 준비되어 있었다. 가끔 행운의 날처럼 수리미를 먹을 수 있는 날이 있었다. 치질이 무엇인지, 할아버지의 손이 지저분한지 생각지도 않았던 그때 할아버지께서 우리 손에 쥐어 준 수리미는 단맛과 짠맛으로 입을 즐겁게 했다. 할아버지를 생각하며 다다른 집은 이미 마당 가득 동네 사람들로 꽉 차 있었다. 천막이 처지고 멍석이 깔리고, 한쪽에선 음식 준비로 분주했다. 나는 굳은 얼굴을 하고 할아버지 방으로 들어갔다. 가려진 병풍 곁에 할머니와 고모할머니가 앉아 계셨다.

지금 장례식장에서는 쉽게 볼 수 없지만 그때는 곡하는 시간이 따로 있었다. '아이고, 아이고' 하며 우는 소릴 내는 것이다. 곡하는 행위는 고인을 애도하고 슬픔을 표현하는 중요한 예절로 고인이 저승길을 떠날 때 슬퍼하는 마음을 담아 소리내어 우는 의미를 가지고 있단다. 그런데 나는 작은엄마를 보고 알았다. 슬퍼서 우는 것이 아닌 보이기식 액션이라는 것을. 사람이 문상을 오면 상주는 손님맞이로 절도 하지만 곡소리를 내며 맞는다. 작은엄마의 소리가 가장 크다. 눈물은 나지 않는다. 반면 엄마는 소리는 작다. 눈물은 하염없이 흐른다. 엄마의 눈물을 보고 나는 생각에 잠겼다. 엄마는 왜 저렇게 눈물을 흘릴까 슬플까? 아니면 후회일까. 그것도 아니라면 엄마의 그동안 수고에 대한 복받침일까? 할아버지는 엄마를 참 많이도 미워했다. 가난한 집 딸이라 혼수를 많이 해 오지 못한 것이 할아버지 눈 밖에 난 이유다. 이 일로도 아버지는 술을 힘입어 할아버지께 대든 적이 몇 번이었다. 시아버지의 미움을 수십 년 받아오면서도 엄마는 학교에서 주는 효부상, 마을에서 주는 효부상을 해마다 받을 만큼 지극 정성으로 모셔 왔다. 그 마음이야 어떠했는지는 모르겠지만 말 한마디 불평 없이 해 오셨던 것을 나는 알고 있다. 그런 엄마이기에 뜨겁게 흘린 엄마의 눈물은 이해되지 않았다. 미움인지, 속상함인지, 분함인지 말하지 않는 엄마의 속을 누가 알랴. 모든 걸 품어 뼛속에 갈아 넣어버린 엄마의 속마음은 앞으로도 알 수 없다. 누구에게도 풀지 못한 속풀이를 가슴 깊이 안고 가셨다는 생각에 슬픔이 차오른다.

장남의 역할은 왕따여도 이어졌다. 아쉬운 일이 생기면 다른 형제들은 아버지를 찾아와 도움을 청한다. 뻔뻔스러울 만큼 염치도 없다. 아버지는 형제들에게 최선을 다했다. 그럼에도 결과는 왕따였다. 힘든 일이 있을 때마다 형으로서 다 나서서 해결해 주는데도 결과는 왕따였다. 싫어하는 이유가 무엇인지 딱히 모르겠다. 해준 것은 해준 거고, 싫은 것은 싫은 거였다. 옳은 소릴 하는 사람이 인기는 없다. 끈질기게 얘기하는 사람을 좋아하지 않는다. 고집이 센 사람을 가까이 두고 싶어 하지 않는다. 옳고 그름을 대쪽같이 가리는 사람을 오래도록 사귀고 싶어 하지 않는다. 아버지는 이 모든 걸 가지고 계신 분이다. 아버지는 비유 맞추며 손을 비벼대는 사람이 아니다. 가까이 지내는 사람이든 어쩌다 만나는 사람이든 아닌 건 아닌 일이다. 때론 구렁이 담 넘어가듯 넘어가는 맛도 있어야 하는데 그러질 못한다. 면사무소나 농협에서 근무하는 공무원들 상대로 해결해야 하는 일들이 있을 땐 마을 사람들이 대부분 아버지를 찾아와 도움을 청하곤 했다. 그러니 면 단위 공무원들은 아버지를 그리 좋게 생각하지 않았다. 한마디로 방문하지 않았으면 하는 사람 중 한 사람이었을 것이다. 그러나 아버지 개인 일보다는 마을 분들의 일로 찾는 일이 많았기에 이를 좋게 여기는 공무원도 있었다. 이렇게 아버지는 마을에서 인정하는 똑똑한 사람이었다. 어떤 면에서는 인기 짱이고 어떤 면에서는 인기 꽝인 아버지. 사람들은 좋은 것보단 싫은 것에 더 예민하고 더 빨리 느끼고 반응한다. 그렇기에 아버지는 인기 짱보다는 인기 꽝이 더 두드러지게 나타날 수밖에 없다.

형제들에게도 그런 이유로 왕따가 되었을 것이다. 나 역시도 아버지의 대쪽 같은 성격과 끈질김에 피곤함을 느꼈다. 남아 선호 사상이 심한 아버지는 딸인 나에게도 많은 실망스러움을 안겨주셨다. 아버지 나름대로 최선을 다하며 올바른 인생을 살아오셨다지만 그것에 대한 대가는 외로움과 미움이었으니 아버지 속도 속이 아니었으리라. 억울함만 남았을 것이다. 사람은 누구나 한 만큼의 보상을 기대한다. 그러나 아버지께 돌아온 것은 감사도, 위로도 아닌 독불장군이라는 외로운 왕따의 자리뿐이었다.

아픔이 부른 또 다른 아픔

평안한 가정이란 어떤 가정일까? 이 질문에 내 개인적인 답은 너무나 쉬웠다. 싸움이 없는 집이었다. 어린 시절 아버지의 언성이 높아지면 무서워서 숨기 바빴고 밖으로 나가기 일쑤였다. 비 오는 날이면 동네 샘터에서 비를 피해 몇 시간이고 있었다. 마음의 평안은 순식간에 사라지고 불안에 떨어야만 했다. 집에 아픈 사람이 있으면 사소한 일도 싸움으로 번지기 일쑤다. 그런데 우리 집은 싸움이 아닌 일방적 고성이라고 하는 게 맞겠다. 할머니께서 치매에 걸리면서 우리 집은 하루가 멀게 아버지의 큰소리가 담을 넘었다.

할머니는 서울에서 12년 넘게 생활하시다 시골로 다시 내려오셨다. 작은아버지께서 전기 감전 사고 이후 작은엄마는 어린아이를 두고 집을 나가셨다. 그래서 할머니께서 서울로 올라가신 거였다. 사고로 팔 하나 잃고, 한 쪽 다리마저 절단해야 한다는 의사 견해도 있었다. 결국 다리는 절단하지 않았지만 걷기에는 많이도 불편한 상황이었다. 긴 시간이 흘러 작은 아버지는 의수를 착용하여 식사도 하시고 혼자 걸어 택시 타는 일도 잘하신다. 유치원에 다니던 조카도 스스로 자신을 챙기고 아빠까지 챙길 수 있는 어엿한 어른의 모습이 보이는 시기였다. 고등학교 졸업을 얼마 남겨두지 않고 할머니의 치매 증상을 알게 되었다.

할머니께서 시골 부모님 댁으로 내려오셨다. 병든 부모님 모시는 일이 당연지사 장남의 일처럼 맡겨지고 맡아야 할 책임이 있다는 그 무엇이 깔려있었다. 부모님은 시골에서 농사를 지으신다. 시골 농사란 겨울 한철 3개월 정도의 휴가가 주어진다. 하우스까지 한다면 1년 12달 쉴 시간이 없겠지만 다행히 부모님은 비닐하우스를 하지 않으셨다. 겨울에는 엄마가 곁에서 할머니를 보살피겠지만 농사철에는 답이 없는 현실에 평안한 시간은 오질 않았다. 할머니는 본의 아니게 시한폭탄이 되어 있었다. 할머니를 돌봐야 할 이유가 있어도 엄마는 집에 계실 수가 없다. 시골 일은 여자 아니면 안 된다는 말이 있듯이 아버지와 함께 논과 밭의 일을 해야만 했다. 할머니를 모시고 다녀도 봤지만, 할머니 신경 쓰느라 일은 더디고 진척이 없다. 집에 홀로 두어도 곁에서 보는 자식으로서는 못 할 일이었다. 결단을 내려야만 했다.

 아버지 형제들과 의논해서 병원에 모시자는 이야기를 했다. 농사철에는 병원에 모시고 겨울에 집으로 모셔 오면 좋겠다는 의견에 모두 반대를 했다. 아버지 형제가 4남 2녀인데 단 한 사람도 우리 부모님을 이해해 주는 사람이 없었다. 모두 말뿐인 효자, 효녀가 되어 있었다. 부모님은 할머니를 혼자 집에 두고 논으로, 밭으로 일을 나가야만 했다. 성냥이나, 농기구 등 위험한 물건은 모두 창고에 집어넣고 자물쇠를 채웠다. 할머니는 대문을 걸어 잠근 집에 홀로 계시는 시간이 많았다.

 고된 일을 하고 돌아오면 잠시 누워 오수를 취할 수 있는 상황도 안 된다. 할머니의 간호는 모두 엄마의 몫이었다. 물론 곁에 계시는 아버지도 쉴 수 없는 것은 마찬가지이다. 이런 일들이 계속 반복되다 보니 아버지의 언성은 커져만 갔다. 쌓이는 스트레스는 누군가에게 화살이 되어 날아가고 날아가는 화살은 어디인가에 또 꽂힌다. 엄마가 과녁이 된 것이다. 하루는 일을 마치고 돌아왔는데 대문을 열고 들어서는 순간 심란한 광경이 벌어졌다. 문간에 앉아 대변을 벽에 발라놓고 바닥 여기저기에 흩어놓았다. 엄마를 보자마자 밥 달라 조르시고, 아버지는 속상함에 이렇게밖에 할 수 없는 자신의 처지를 나무란 듯이 정신없이 고함을 치신다. 엄마는 아랑곳하지 않고 엉망이 되어 버린 할머니를 씻겨 옷을 갈아입히셨다. 그 세월을 더듬어 보면 어찌 사셨을까, 어떻게 사셨을까. 가슴 조여오는 답답함을 안고 나는 되풀이되는 말만 내뱉는다.

같은 마을에 첫째 작은아버지, 작은엄마가 살고 계신다. 참 아이러니하게도 이분들은 염치도 자식이기도 포기한 것인지…. 하루는 아버지 건강 문제로 대학병원에 다녀올 일이 있었다. 그래서 할머니를 한나절만 봐달라 부탁했건만 거절했다. 따지고 보면 이 일이 부탁할 일인가. 그럼에도 부탁으로 손 내밀었다면 잡아줘야 함이 당연했다. 이날도 할머니 혼자 집에 두고 두 분은 병원에 다녀오셨다. 대문에 들어서는 순간 엄마는 너무 속상하고 할머니가 불쌍하여 소리 없는 눈물을 흘리셨단다. 할머니가 차가운 바닥에 비닐 포대 하나를 깔아놓고 쪼그리고 잠을 자고 있더란다. 아버지 마음은 무너져 내렸을 것이다. 장남만 자식인가. 맏며느리만 며느리인가. 몇 시간 돌봐달라는 것도 싫어서 치매 걸린 어머니를 차가운 땅바닥에 주무시게 한 자식이 효자 노릇 한답시고 병원에 모시면 안 된다고 했던가. 말뿐인 효도, 누구를 위한 효도인지 모르겠다. 돌아가신 날, 병풍 앞에서나 상여 뒤에서 가장 크게 울던 첫째 작은엄마를 나는 잊을 수 없다.

지금은 보호시설이 잘 되어있다. 잘 되어있다는 기준을 어디에 두어야 할지는 모르겠지만 경험해 온 입장에서는 보호시설이 있다는 것만으로도 다행이라는 생각이 든다. 가정의 평화를 위한 장소가 될 수 있다고 생각한다. 당사자 의견은 무시되는 경향이 없지 않아 있지만 모시지 못하는 상황에 놓여 있는 가족들에게는 마음 편하게 맡길 수 있는 곳이다. 아픈 사람이 있는 가정은 평화유지가 힘들다. 그게 부모일지라도 말이다. 고백하건대 나 역시 아버지를 요양원에 모셨다. 혼자 시골집에서 생활하겠다 하시지만 내 맘이 불편했다. 가까이 있기에 주말마다 찾아뵈야 하고 시도 때도 없이 연락이 오면 찾아가야 하는 번거로움이 나를 지치게 만들었다.

아버지 역시 치매가 있었다. 그리 심한 정도가 아닌 지각이 있는 분이라서 요양원에 들어가시는 걸 극구 싫어하셨다. 그런 아버지를 나는 요양원에 모셨다. 아버지의 안전을 걱정하는 마음도 있었지만 어쩌면 내가 편하고자 하는 마음이 더 크게 자리 잡고 있었는지 모르겠다. 원하지 않는 시설에 맡겨진

당사자에겐 감옥 같았을 텐데 말이다. 부모는 열 자식 건사해도 열 자식은 한 부모 건사하기 힘들다는 말이 여전히 유효하다. 지금 우리 나이 때에 미리 계획하고 준비해야 할 것 같은 생각이 머리를 스친다. 그런데 이상하다. 가슴 한편이 시리다. 준비의 이름 속에 숨어 있는 이별과 무력한 '나'를 마주해야 하는 슬픔이 몰려온다. 금방이라도 떠나야 하는 작별의 예행연습이라도 하고 있는 것 같아서 삶이 무기력해진다. 아버지의 마음도 그랬을까. 아버지께 한없는 죄송함과 후회가 밀려오는 시간이다.

친척이란 이름이 부담스러운 건

친척을 만나는 명절이 그리 달갑지 않다. 시집을 와서는 시부모님이 계시지 않는 외할머니 댁에서 명절을 보냈다. 외삼촌 가족들과 사촌이 함께하는 일은 한여름에 겨울옷을 입는 기분이다. 시아버지는 남편 어릴 적 돌아가시고 시어머니 역시 남편 어릴 적부터 건강이 좋지 않아 요양원에 계셨다. 나를 만나기 전부터 서먹했을 자리에 가족이란 이름을 실현하기라도 하듯 명절을 맞이하여 나를 외할머니 댁에 데려갔다. 외할머니를 매년 찾아가는 것은 막냇동생이 함께 생활하고 있기 때문이다. 일 년 내내 남처럼 연락 한번 없다가 명절이라고 사촌들까지 함께하는 명절이 어색하고 좋을 리 없다.

어느 추석날 우린 평소처럼 외할머니 댁으로 갔다. 이모 내외분, 외삼촌 내외분, 그리고 사촌들까지 함께한 자리. 불편한 식사 시간을 마치고 자연스럽게 삼삼오오 모여 이야기가 오갔다. 부모님들과 함께한 사촌들은 남편보다 활발하고 자연스러워 보였다. 그들 중 한 명은 남편과 동갑내기였고 하나는 동생이었다. 남편은 꿔다 놓은 보릿자루처럼 어색하게 그 자리를 지키고 있다. 투명 인간처럼 말 한마디 건네는 사람 없이. 그 모습을 본 나는 "꼭 이곳에 와야 했었나?" 불편한 마음이 가시질 않는다. 그럼에도 그 자리를 지키는 남편을 보고 내 마음을 달랜다.

말 한마디 건네지 않던 이모부가 남편에게 말을 건넨다. "어디에 살지?" 이 말은 지역을 묻는 말이 아니다. 같은 지역에서 살기에 모를 리 없고 아파트에 사느냐 주택에 사느냐 묻는 말이었다.

"주택에서 삽니다."

이모부는 남편의 대답이 떨어지기 무섭게

"어디?"

"중앙초등학교 옆에 있는 곳입니다."

"얼마짜리인데? 전세야? 월세야?"

시시콜콜 묻는 말에 남편은 답했고 이모부는 기회를 놓칠세라

"나한테 연락했으면 도와줬을 텐데 그러면 좀 더 나은 집을 구했을 거고. 왜 연락을 안 했어?"

너스레를 떨며 능청스럽게 말한다. 이모부는 큰 식당을 운영하고 있고 많은 돈을 벌었다는 소문을 들었다. 그의 몸에서도 부자라는 것은 티가 났다. 체인처럼 큰 금목걸이를 두르고 있었고, 팔찌 또한 반짝이는 금으로 그의 팔을 감싸고 있었다. 혹여나 우리가 도와 달라고 전화나 하지 않을까 겁내 하는 사람이 왜 저렇게 말하고 있는지 역겨웠다. 참을 수가 없었다. 남편은 멋쩍은 웃음으로 넘겼지만 나는 돈 자랑하고 남편을 무시하는 그 사람을 보고 있기가 쉽지 않았다.
"지금이라도 돈 빌려주세요."
나는 참지 못하고 말했고 그 사람은 아무 말도 없었다.

이모는 그 사태를 수습하고 싶었는지 이모부를 향해 쓸데없는 소릴 하고 있다며 "그래도 재성이가 책임감 있어 좋은 사람 만나 가정도 꾸리고 잘 살아가고 있으니 보기 좋다. 재성이 각시가 기분이 좀 그랬나 보다" 하시며 넘어간다. 누구 하나 또 돈 이야기 꺼내봐라 돈이 많다 한들 가족이라고 천 원짜리 한 장 쓰지 않으면서 돈 자랑 하는 거냐고 말해주리라 벼르고 있었다. 자랑할 곳이 없어 어린 조카 앞에서 돈 자랑하는 그 어른이 참 인간미 없어 보였다.

불편함은 쉽게 사라지지 않았다. 아무 관계가 아니었더라면 식당 주인과 손님의 관계였더라면 좀 더 나은 예의 있는 모습이었을 텐데. 가족이란 이름으로 불편한 끈을 연결하려 하니 겪지 않아도 될 일로 상처만 남았다. 가족이라 흉내 냄이 만들어내는 결과였다. 그 이듬해 막냇동생이 생활전선에 뛰어들면서 외할머니 댁 가는 일은 멈췄다.

이런 불편한 상황은 돌고 도는 것 같다. 한 세대가 지나가면 끝날까 싶더니 다음 세대까지 이 불편한 상황을 이어가려 하고 있다. 평소에는 만나지 못하니 명절 때만이라도 얼굴을 보고 이야기를 나누어야 한단다. 여전히 명절에만 만나는 가족 흉내를 언제까지 이어가야 할지 의문이다. 사춘기에 들어서면 부모와도 함께하지 않으려는 아이들을 두고 잘 알지도 못한 사촌들 만나는 명절을 얼마나 기다리고 만나려 할지. 결국 아이들은 불편함이 싫어 빠지기 일쑤이며 여전히 어른들만 불편한 만남을 가진다. 만남으로 더 불편해지는 이런 만남에 어떤 의미를 둬야 할지 모르겠다. 오히려 보지 못함에 대한 아쉬움을 남겨놓는 것이 더 좋지 않을까라는 생각이 머무른다. 서로가 자신에게 솔직하다면 불편한 만남은 하지 않아도 될 텐데, 가족이란 끈을 이어야 한다는 생각에 사로잡혀 여전히 불편한 명절을 맞이하고 있다. 바쁜 시대에 내 가족과 함께할 시간조차 부족한 현실에서 고모, 이모, 사촌들의 만남은 변해가는 시대에 맞춰 다른 방향으로 생각해 봐도 좋겠다. 불편한 명절이 아닌 나름대로 행복하고 풍성한 명절이 되도록 조금은 이기적이고 싶다.

그 남자 1

내 나이 스무 살, 꽃다발을 처음 받아보았다. 졸업식 때조차도 받아보지 못한 일이다. 내 손에도 예쁜 꽃다발이 들려 있으면 좋겠다는 순간의 생각은 한 적 있지만 그 일로 부모님을 원망하거나 내가 부끄럽다고 생각하지는 않았다. 우리 부모님의 삶이 그래서인지 내 머릿속에 남아 있는 꽃다발은 기쁨보다는 사치라는 생각으로 자리 잡고 있었다. 어느 날 나는 멋진 남자에게 꽃다발 한 아름을 받았고 나의 기분은 창공을 날고 있는 새가 되어 우주를 한 바퀴 돌고 온 기분이었다.

서울에서 첫 직장을 다니던 때이다. 기숙사에서 함께 생활하던 미숙이라는 친구가 있었다. 나보다 한 살 많은 미숙이는 성숙하고, 사람 대하는 법을 아는 친구였다. 그 친구에 비해 나는 어린애처럼 순진했고 세상 물정에 서툴며 조용했다. 서로 다른 분위기를 가진 우리가 친구가 되었다.

어느 날 미숙이는 "나 친구 만나러 갈 건데 같이 갈래? 일요일인데 숙소에서 심심하잖아"

"친구 만나는데 내가 따라가도 돼? 친구가 싫어할 수도 있는데?"

"괜찮아, 고향 친구야"

나는 이내 간단히 준비하고 따라나섰다. 도착한 곳은 레스토랑이었다. 서울에서 생활하면서 가까운 언니 집과 회사만 오가던 나는 사뭇 놀랐다. 그런데 그보다 더 놀라운 건 미숙이의 친구가 여자 친구가 아니라 남자 친구였다는 사실이었다.

"우와 얘 뭐야?" 소리 없는 놀람은 조용히 내 가슴에 묻어두었다. 확실히 미숙이는 나와 달랐다. 마치 인생길에서 저 멀리 앞장서서 가는 듯한 기분이었다. 그런데 나는 그것이 좋아 보였다기보다는 조심스러웠다. 내 깊은 곳에 숨어 있는 생각들이 내 머리를 헤집고 있었다. 남자 친구… 남자 친구…. 학교 다닐 때 마을 동창들과 어울려 놀던 기억이 있다. 그때 알았다. 내 생각이 얼마나 구시대적인지. 엄한 아버지께 들었던 말들이 내 생각을 사로잡고 있었다. 학교 동창마저도 남학생은 아버지 몰래 만났기에 사회생활 하면서 만나는 남자는 달라야 했다. 조심해야 했고 이리 쉽게 만나는 것이 아니었다. 그날 나는 불편함과 편함을 안고 동석했다.

레스토랑에서 점심을 먹고 후식을 먹는데 나만 사이다를 시켰다. 나는 커피도 마실 줄 몰랐다. 그 친구들 앞에서 나는 한참 어린 학생 같았다. 고개를 숙이고 사이다를 홀짝이며 내 친구의 고향 친구인 남자아이의 이야기를 듣는데 내가 많이도 웃었다. 아무 말 없이 앉아 있으려니 어색해서 웃기라도 해야 하나 싶어서 웃었는지 아니면 정말 웃겼는지 모르겠다.
"여자가 웃음이 헤프면 안 좋은데, 너무 웃지 마요" 친구의 남자 친구가 내게 하는 말이다. 그 말에 조금은 황당했지만 그리 기분 나쁘지 않았다. 그 뒤로도 그 남자는 유머러스한 이야기를 계속했고 나는 여전히 웃고 있었다. 그렇게 우리는 처음 만났다.

세 번째 만남은 내 생일이었다. 미숙이의 고향 친구가 아침부터 숙소로 찾아왔다. 그 남자아이의 이름은 재성이었다. 미숙이는 "재성이가 왔데. 네가 먼저 나가볼래? 나 옷 갈아입고 나갈게" 나는 숙소에서 입던 옷차림으로 나갔다. 30초 거리에 떨어진 그 남자 손에는 꽃다발이 한 아름 들려 있었다. 나는 짧은 그 순간 시나리오를 써 내려갔다. 미숙이가 내 생일을 그 남자에게 얘기했고 그래서 아침부터 축하해 주기 위해 꽃다발을 사서 온 거라고. 그날 나는 폰수가 되는 날이었고 눈치까지 없는 여자가 되었다.

"어떻게 내 생일을 알았어? 꽃이 너무 예쁘다."

"응…. 생일이구나 축하해"

말하는 그 남자의 표정을 살펴볼 겨를도 없이 나는 알았다. 이 꽃다발이 내 것이 아니라는 것을. 이 남자의 말은 분명 나의 생일을 알지 못한 말투였다. 그런데 어찌하나. 이미 엎질러진 물이고 어떻게 수습해야 할지도 모르겠다. 창피하기도 하고 설레발친 내 꼴이 너무 우스워서 이 꽃다발은 끝까지 내 것이 되어야만 했다. 그래야만 했다. 그때 미숙이가 내려왔다. 그 광경을 본 미숙이의 표정은 질투였을까? 어이없음이었을까? 그 중간 어딘가에 걸친 야릇한 표정을 나는 읽었다. 결국 우리는 밖에 나가 차 한잔 마시지 못한 채 숙소로 들어왔고, 그 남자는 오던 길로 되돌아갔다. 꽃다발이 주인을 잘못 찾아온 결과였다.

그 일이 있고 난 후부터 내 마음에 변화가 찾아왔다. 낙서장에 그 남자 이름이 새겨지고 있었다. 밤이면 그 애가 말했던 유머의 말들이 떠올라 혼자 웃기도 했다. 만나고 싶었다. 자꾸만 얼굴이 아른거린다. 이 감정은 짝사랑이 시작되고 있다는 신호였다. 꽃다발 사건 이후 미숙이와 나 사이에 보이지 않는 불편함이 선을 그었다. 그 남자 소식이 궁금해도 묻지 못하고 연락처를 알고 싶어도 물을 수 없었다. 매일 밤 낙서장에 이름을 새기는 일로 보고 싶은 마음을 대신했다. 그렇게 시간은 흐르고 몰래 시작한 첫사랑은 조용히 정리되고 있었다. 일 년이 훌쩍 지나는 중에 나는 직장을 옮겼고 여름 휴가차 시골집에 내려와 있었다. 늦잠을 실컷 자고 일어나 한가로운 시간을 보내고 있었다. 시원한 나무 마루에 등을 대고 누워있는데 전화벨이 울렸다.

"여보세요"

"저 혹시 문희 집인가요?"

"네 맞는데요. 누구시죠?"

"문희 친구인데요. 바꿔주실 수 있나요?"

"난데 누구…?" 하는 순간 알았다. 꽃다발 그 남자라는 걸. 세 번 만나고 2년 가까운 시간이 흘렀음에도 목소리를 들으니 내 마음은 요동쳤다. 그러나 그때처럼 어렵게 대하지는 않았다. 2년이란 세월 동안 나도 조금은 몸과 마음이 성숙했을까 서울 물 마신 깍쟁이가 된 듯 자연스럽게 안부를 물었다. 그리고 혼자 시나리오를 쓰지 않으려고 물었다.

"우리 집 전화번호 어떻게 알아?"

"미숙이한테 물어봤지"

"내가 집에 있는 건 어떻게 알고?"

"사실 몰랐어, 그냥 전화하고 싶어서 했는데 네가 전화를 받은 거야"

"그랬구나!"

우리는 주거니 받거니 통화를 이어갔다. 중간에 동전이 없어서 끊어지기도 했다. 한 움큼 준비한 동전이 모자라 전화가 뚝 끊기는 순간 다시 걸려 올 전화를 기다림은 또 다른 설렘으로 가슴 뛰게 한다. 긴 통화 속에서 우리의 만남은 조용히 예견되어 있었다.

그 남자 2

그는 부자였다. 그 당시 지갑에 오십만 원 이상이 아니면 친구든 누구든 만나지 않았다. 모든 먹거리나 구경하는 것, 타는 것은 모두 혼자 계산하는 사람이었다. 처음 만날 때부터 돈을 내는 쪽은 언제나 그 남자였다. 단둘이 만나면서 돈 씀씀이가 부자 아니면 쓸 수 없는 그런 돈을 스스럼없이 쓰는 것을 보았을 때 "오호 부자이기까지 한 거야 정말?" 내심 뿌듯하기까지 했다.

만나기 시작하면서 점점 이 사람에 대해 알게 되었다. 1년 남짓 연애를 하는 동안 내가 돈을 지불하여 계산한 것은 고작 한두 번이었다. 그러나 그는 부자가 아니었다. 성격상 남이 사주는 것보다 자신이 사주는 걸 더 좋아했던 사람이었다. 좋아했다기보단 마음이 편했다고 하는 게 맞을 것 같다. 지갑에 현금을 두둑이 가지고 다니는 것은 그 돈이 그 사람의 움직이는 동선에 있어 자유가 있었기 때문이다. 만나면서 자연스레 알게 되는 가정사도 그리 좋은 형편이 아니었다. 아버지께서는 돌아가셨고 어머니 또한 병원에 계신다는 사실도 알게 되었다. 자신이 꼭 계산하고 지갑이 두툼해야 마음 편하다는 이상한 고정관념이 생기게 된 계기도 알게 되었다. 어릴 때부터 가난했던 가정 형편에 먹는 것도 배불리 먹지 못하고, 있는 집 친척들의 눈치를 보며 음식을 먹었던 기억과 친구들 사이에서 발생한 다사다난한 일들이 그 남자에게는 어른이 된 그때까지도 고스란히 남아 있었다. 지금 생각하면 얼른 연락 끊고 빠져나와야 할 자리였는데 이런 사실들을 알게 되었을 때 내 마음은 그 사람에게 더 가까이 가 있었고 곁에 있어 주고 싶은 마음이 컸다.

나는 이 사람과 결혼하기로 마음먹었다. 가족 중 처음 소개할 사람을 큰오빠로 정했다. 오빠가 언니와의 사랑 경험이 있었기에 나를 잘 이해해 줄 거라는 기대감에 내 나름대로 작전을 짠 일이다. 오빠 마음에 든다면 아버지 설득에도 분명 유리하리라 생각했다. 큰오빠 집에서 만나기로 약속하고 우리는 먼저 도착했다. 그는 긴장되었는지 화장실을 들락날락하더니 나를 조용히 불렀다. "화장실이 막혀서 물이 안 내려가"

나는 당황스러운 상황에 잠시 머뭇거리다 "그냥 나와, 변기

뚜껑 내려놓고"

그 사람이 긴장되는 만큼 나 역시 긴장하고 있었다. 부디 오빠 마음이 내 마음과 같기를 간절히 바라면서 큰오빠를 기다렸다. 오빠와의 만남은 기대했던 내 마음을 깨부수는 만남으로 끝이 났다.

나는 포기하지 않았다. 어차피 오빠가 허락하든 안 하든 결국 우리 집에서는 아버지만 허락하면 된다는 마음으로 스스로를 위로하고 있었다. 한 달 후 우리는 아무 대책도 없이 막무가내로 시골에 계시는 아버지, 엄마를 뵈러 갔다. 아무 대책 없이 가는 그것이 사실 나에게는 대책이었다. 직접 부딪히는 방법 외엔 다른 방법이 없었다. 매도 일찍 맞는 편이 낫다는 말처럼 긴장감에서 그만 놓이고 싶은 마음이 컸다. 내 마음은 변하지 않을 자신이 있었기에 부모님이 허락하시든 안 하시든 알려야 하는 의무감을 보여주는 것이 내가 할 일이었다. 우리는 아버지께서 질문하실 것 같은 예상 문제를 주거니 받거니 하면서 농로를 걸었다. 가을걷이가 끝난 들판은 휑하고 쓸쓸했다. 지푸라기 냄새가 코를 스쳐도 긴장된 마음은 내려놓기 어려웠다. 높은 성이 가로막혀 있는 듯한 답답함으로 우리는 떠들면서도 묵묵히 긴 농로를 걸었다.

큰방에 4명이 앉았다. 역시나 아버지는 초반부터 기를 죽이기 위해 굳은 표정과 단호한 말투로 질문 공세를 폈다. 그 남자는 바짝 마른 입을 들썩이며 답을 해 나간다. 식은땀이 흐르고 긴장하는 모습이 역력했다. 시간은 흘러 흘러 밤이 되었고 아버지는 마지막 방법을 선택하신 것 같다. 엄마한테 술을 사 오라 하셨고 아버지는 그에게 술을 따라 줌으로 아버지만의 시험을 하신 것 같다. 어느새 그 많은 술을 다 비우고 시간은 새벽 한 시를 넘기고 있었다. 엄마는 그만 재우자고 말씀하시고 아버지는 그 남자에게 구판장에 가서 술을 더 사 오라 말씀하신다. 그는 갔고 곧 빈손으로 돌아왔다.

"왜 빈손이여?"

"문이 닫혀서…."

"그래서 너는 안 되는 거야. 남자가 문 닫았다고 그냥 돌아와?"

"다시 가서 사 오겠습니다."

어둑한 시골 골목길을 걸어가는 그 시간 수많은 생각이 오갔을 것이다. 달아오른 취기를 찬 바람에 내맡기며 몽롱한 정신을 깨우고 긴 한숨을 쉬었으리라. 구판장 문이 열릴 때까지 두드리고, 가져가야 할 술을 손에 쥔 채 다시 적진을 향해 걷는 그 마음이 얼마나 숨 막혔을지. 그렇게 늦은 새벽까지 술을 마시고 실수 없이 잠이 들었다. 다음날 아버지는 올라가라 말씀만 하실 뿐 허락의 말씀은 없으셨다.

왔던 농로를 걸으며 나는 무거운 분위기를 전환 시키고 싶었다.

"어찌 되었든 들어가는 길보다 나오는 길이라 마음은 편하네"

"아니야, 내가 뭘 잘못한 것 같아. 아버님께서 이 질문했을 때 이렇게 답해야 했는데…."

"잘했어. 나라도 긴장이 돼서 답 못했을 것 같은데 대답 다 하던데 뭐"

그렇게 우린 개운치 않은 마음으로 서울로 올라왔고 몇 개월의 시간이 흘렀다. 중간중간 큰오빠, 큰언니의 반대 소리는 내 귀에 심심찮게 들려왔다. 가진 게 없고 장남인데 다 기댈 곳도 없는 사람이라고. 사람들은 참 이상하다. 사람 좋은 것이 첫 번째라고 말하면서 가족과 관련된 상황에서는 첫 번째가 왜 제일 뒤로 미루어지는지 알 수 없다. 언니, 오빠들의 염려가 염려로 느껴지는 것이 아니라 나를 힘 빼는 사람들이라 생각하니 무력감만 더해진다. 지금은 안다. 반대의 이유를. 동생이 나와 같은 상황이라면 나 역시 똑같이 했을 거라는 것을. 그래도 서운한 것은 서운한 것이다. 홀로 버티는 동생에게 응원 한 번 보내줬더라면 좀 좋았을까.

허락인지 아닌지 모를 허락을 부모님께 받았다. 조건이 있었다. 아무것도 바라지 말라는 아버지 말씀이셨다. 당연히 결혼의 필요한 모든 것 또한 아무것도 해주지 않을 거라 하셨다. 결국 허락이 아닌 너희들 마음대로 하라는 일종의 포기였다. 나는 그 조건들을 받아들였고 우리는 부모님 계시는 작은 도시로 내려와 월세로 동거를 시작했다. 그곳은 창고를 방으로 둔갑한 곳이었다. 벽지만 발라 놓았을 뿐 연탄불도 제대로 들어오지 않았고 부엌은 한 사람 겨우 들어가고 나올 수 있는 조그만 곳이었다. 여름이면 너무 더워서 옥상에 텐트를 치고 모기에게 우리의 피를 나눠주면서 자야 했다. 겨울은 턱밑까지 이불을 끌어당겨 숨을 쉬고 있노라면 입김이 서리는 그런 방이었다. 가장 더운 여름과 가장 추운 겨울을 나면서 조금씩 현실을 직시하게 되었다.

해가 바뀌고 시간이 흐르면서 그 사람의 일상이 변해가고 있었다. 당구 배우는 재미에 퇴근은 집이 아닌 당구장이었고 귀가 시간은 늦은 밤이었다. 그에 따른 집안 분위기는 점점 어둠이 밀려오고 있었다. 다툼의 불씨는 꺼질 날이 없고 미래를 기대할 수 없는 불안은 나를 옥죄어 왔다. 하물며 남편은 거짓말까지 한다. 당구장에 가지 않았다고 하는 사람의 팔에는 당구장에서 쓰던 토시가 끼어있고, 어느 날은 당구장에서 신는 슬리퍼를 신고 퇴근하는가 하면 다른 한 날은 소매에 초크를 잔뜩 묻혀오곤 했다. 나에겐 더 이상의 선택권이 없었다. 노름에 빠진 남편을 구해야 한다는 생각만 가득했다. 그 당시 나는 당구가 돈 내고 돈 따먹는 놀음이라 생각했다. 남편은 당구에 빠지고 나는 당구에 빠진 남편을 어떻게 구해낼지 고민에 빠졌다. 급기야 남편을 구하는 작전에 들어갔다. 여전사가 되어 적지에 직접 뛰어 들어가 구해내는 계획을 세웠다. 주변의 당구장을 샅샅이 뒤지고 다녔다. 돌아서는 뒤통수를 째려보는 낯선 남자들의 시선이 여전사로 둔갑한 아줌마의 투지를 꺾어 내리고 있었다. 언제까지 이 일을 해야 할까. 내려오는 계단에 주저앉아 기약 없는 괴로움에 한숨만 뿜어낸다. 우린 서로가 싫은 일로 시간을 보내면서 점점 지쳐가고 있었다. 홀로 돌아오는 길, 무심하게도 밤하늘에 별들은 총총히 박혀 있었다. 텅 빈 학교 운동장을 방황하고 있는 나는 어디로 가야 할지 방향을 잡지 못하고 있다.

임신 그리고 결혼식

모든 일은 나 혼자 결정하고 감당해야만 했다. 반대하고 나서는 언니, 오빠한테 말할 수도 없고 엄마를 찾아가 하소연할 수도 없다. 속마음을 터놓을 곳이 없으니 답답하기만 하다. 뭔지 모를 두려움과 또 다른 복잡한 마음이 나를 뒤흔든다. 끝까지 함께하리라 믿었던 사람과 이별해야 한다는 슬픔, "그럴 줄 알았다"는 가족들의 비난, 인생 바둑판 위에 새 바둑돌을 놓고 다시 계획을 세워야 한다는 막막함은 헤어짐이 내게 남기는 그림이었다. 그렇다고 이대로 계속 간다면 서로에게 상처를 주고받는 원수가 될 뿐 행복한 삶은 아닐 거라는 확신에 가슴은 더 아프다. 어찌해야 할까. 뒤죽박죽 복잡하게 얽힌 생각들 사이로 떠오르는 건 그래도 내게는 이혼이란 없다는 결론이었다.

아이가 생겼다. 마음의 풍파 속에서도 아이는 조용히 찾아와 내 안에 자리 잡고 있었다. 그 전에 나는 운전면허증을 따기 위해 준비를 하고 있었다. 이때만 해도 회사에서 운전이 필수는 아니었기에 우리는 개인 자가용이 생기면 운전할 수 있는 한 사람만 면허증을 따면 된다고 간단하게 생각했었다. 돌이켜보면 참 우스꽝스럽고 한 치 앞도 내다보지 못한 어리석음이 묻어난다. 그렇게 면허증 준비하던 중 뱃속에 생명이 자라고 있음을 알게 되는 순간 나는 면허 준비를 멈추었고 대신 그가 면허증을 땄다. 당구장 출입도 멈췄다. 수없이 많은 날을 힘겹게 싸워왔던 일이 아이가 찾아옴으로 자연스럽게 정리가 되었다.

이사한 지 6개월 만에 우린 한 번 더 이사를 해야만 했다. 아이와 함께 지내야 할 곳의 환경을 생각하면서 집을 알아보고 다녔다. 이번엔 월세가 아닌 전세로 집을 찾으면서 우연인지 내가 살고자 했던 집이 전세로 나왔다. 예전부터 그 집 앞을 지날 때마다 혼잣말로 "이 집에서 살았으면 좋겠다." 했던 집이 정말 우리가 살게 된 것이다. "어떻게 이런 우연이 있지?" 기분 좋은 감탄이 절로 터져 나왔다. 다른 사람이 보기엔 그리 좋은 집이 아닐지라도 나에겐 수없이 그 골목길을 걸으며 부러워했던, 소원했던 집이다. 그 소원이 눈앞에서 이루어졌다.

10월 30일 나의 결혼식 날이다. '시월의 마지막 밤'이라는 노래가 저절로 생각난다. 점점 배가 불러오면서 아이 낳기 전에 결혼식을 올리고 싶었다. 다니던 작은 교회에서 결혼식을 올리겠다고 말씀드렸더니 아버지는 못마땅해하셨다. 아버지의 체면 문제도 있었지만, 무엇보다 아버지는 교회라면 치를 떠시는 분이셨다. 셋째 작은엄마가 교회에 빠져 가정을 돌보지 않고 재산까지 탕진한 일이 있었기에, 아버지는 어린 우리에게까지 교회는 절대 다니지 말라고 하셨던 기억이 난다. 그런 분 앞에 교회에서 결혼식을 하겠다 하니 아버지 눈에는 그야말로 미운 놈이 미운 짓만 일삼는 듯 보였을 것이다. 결국 아버지는 마을 사람들에게 알리지 않았고, 가족들만 모여 조촐한 결혼식을 치렀다.

결혼식을 마치고 신혼여행을 떠났다. 2박 3일 제주도 여행을 다니면서 즐거움보단 힘듦이 컸다. 빠듯한 일정에 따라 움직이다 보니 마음의 여유가 없다. 몸도 무겁고 피곤함이 내 어깨를 누르는 듯 체력이 바닥으로 가라앉는다. 단체로 움직이는 패키지여행이라 개인으로 움직일 수 없어 몸과 마음이 바빴다. 신혼여행을 왜 왔을까 후회가 밀려왔다. 오지 않아도 될 일이었다. 그러나 실과 바늘처럼 결혼식을 했으니 당연히 신혼여행도 떠나야 한다는 고정관념이 지금 나를 제주도에 데려다

놓았다. 그 힘든 일정에도 한가지 기억에 남는 명소가 있다. 내리막길인데 착시현상으로 오르막처럼 보이는 일명 도깨비 도로다. 시간이 흘러 결혼사진을 들여다보니 깡마른 몸으로 막막한 세상 앞에 서 있는 앳된 스물다섯 살 남자가 있었다. 그 남자는 여전히 남편으로 내 곁에 있다.

또 한 번의 꽃다발

창문으로 들어오는 햇살이 너무나 예쁘다. 행복하다. 내가 살고 싶었던 곳에서 내가 사랑하는 사람과 함께 아침을 맞이한 기분이 봄 햇살처럼 따뜻하다. 된장국 끓여 아침밥을 같이 먹고 대문 앞까지 배웅하고 이 삶이 참으로 좋다. 비록 방 한 칸에 작은 부엌 그리고 세면장은 따로 분리되어 밖으로 나가야 하는 집이지만 우리가 해냈다는 생각에 뿌듯하기만 하다.

남편 손에 장미 꽃다발이 한 아름 안겨있다. 퇴근길에 장미 백 송이를 사 들고 들어온 오늘은 내 생일이다. 5만 원이라는 거금을 주고 사 왔단다. 순간 좋아해야 하나 어떻게 해야 하나 잠깐의 고민이 끝나기도 전에 이미 말을 뱉고 있다.

"차라리 그 돈 나 줘. 시들어버릴 꽃을 왜 그렇게 큰돈 주고 사 왔어? 한 송이만 사 와도 좋잖아."

네 속이 옳으니 내 속이 옳으니 좋아할 수만은 없었다. 나는 남편의 마음을 헤아릴 여유가 없었다.

"아니, 생일이라 기분 좋게 해주고 싶었지. 그게 그렇게 잘못 한 건가?"

"잘못이 아니라 지금 우리 형편에 5만 원이라는 큰돈을 꽃에다 쓸 때냐고?"

"그동안 잘 챙겨주지도 못하고 해서, 그래서 사 왔지. 알았어. 다음부터는 없으니까 서운해하지 마라" 구시렁구시렁하며 옷을 벗는다.

이미 산 것이니 기분 좋게 받고 나중에 조용히 말하면 될 텐데 참 나도 그걸 못한다. 후회할 걸 알면서도 하는 건 무슨 마음일까. 사람이 참 어리석다. 역시나 곧바로 후회가 밀려온다. 후회한들 엎질러진 물 다시 담을 수도 없고. 담을 수는 없어도 정말 하고 싶은 말은 할 수 있는 기회가 남아 있는데도 못 한다. 후회가 밀려오는 그 순간 내 마음은 고맙다고 말하고 싶었다. 그런데 입이 열리지 않는다. 하지 않아도 될 말은 뒤에서 누가 쫓아오는 듯 급하게 뱉고 정작 해야 할 말은 꾹 참는다.

오래전 꽃다발이 생각났다. 같은 사람에게 받은 꽃다발인데 왜 이리 달랐을까. 스무 살 때 받은 꽃다발은 우주여행까지 갔다 올 만큼 좋았던 기분이 이때 받은 꽃다발은 왜 이리 착잡

하고 아프게 느껴졌을까. 상대 마음을 짓누르면서까지 이게 진정 현실의 삶인가… 저녁을 같이 먹으면서도 온도는 그리 따뜻하지 않았다. 며칠이 지나 궁금해진 이야기가 생각났다. 사실은 장미 백 송이를 받은 날 생각이 났는데 분위기상 묻지 못했던 오래된 이야기를 조심스레 꺼냈다.

"나에게 처음으로 꽃다발 주었던 날 기억나? 아, 왜 기숙사 문 앞에서 아침에…"

"응. 그런데?"

"그 꽃다발, 나 주려고 산 것 아니었지?" 남편은 쉽게 답하지 못한다.

"나에게 주려고 했던 것 아니잖아. 나 알고 있었어. 그럼에도 이미 엎질러진 물이라 주워 담을 수도 없고, 그래서 모른 척 푼수가 되기로 했던 거야"

내가 솔직히 말하자 남편은 그제야 조심히 입을 연다.

"미숙이 주려고 산 것은 맞는데 그날 또 우연찮게 생일을 알게 돼서 꽃다발을 안 줄 수가 없었어"라고 조금은 어색한 이야기를 한다. 그러면서 되묻는다.

"그런데 그 꽃다발이 당신 것이 아니라는 걸 어떻게 알았어?"

"어떻게 모를 수가 있어. 생일 몰랐다는 티를 팍팍 내놓고.

모르는 게 이상하지. 그렇다고 다시 돌려줄 수가 없었어. 돌려주는 것도 서로 어색하고, 자존심도 챙겨야겠고 푼수짓한 것 같아서 창피하기도 하고. 무엇보다 내 마음에 당신이 들어오고 있었던 것 같아."

그렇게 우리는 스무 살 때의 사실을 오늘에서야 서로의 증언으로 확실히 밝혀졌다. 남편이 미숙이를 좋아하고 있었다는 걸 눈치로 알고 있었지만, 남편은 끝까지 친구로 좋아했다고 말을 남긴다. 스무 살의 마음은 그렇게 흘러갔고, 우리는 지금 서로의 곁에 남았다.

첫 아이와의 만남

겨울이 지나고 봄이 왔다. 우리에게는 또 다른 봄이 찾아왔다. 3월 25일 아들이 태어났다. 평소처럼 아침을 먹고 출근하는 남편을 배웅하고 들어오는데 다리 사이로 뜨겁지도 차갑지도 않은 그 무엇 액체가 살을 만지며 주르륵 흘러내린다. 양수가 터졌다. 담 너머로 걸어가고 있는 남편을 불렀다. "나 애 나올 건 가봐. 들어와야 할 것 같아" 출근하려다 다시 돌아온 남편은 어떻게 할 줄 모르고 왔다 갔다 분주하기만 하다.

"먼저 회사에 전화해야지?"

오히려 내가 챙기고 있었다. 걷잡을 수 없이 흘러나오는 양수에 나는 그저 가만히 서 있을 뿐이다. 일주일 남았는데 통증도 없이 양수가 터진 것이다. 산후 준비물은 대충 챙겨 놓았지만 당장 택시 타고 갈 내 상황 수습이 어려웠다. 얼마의 시간이 흘러 어느 정도 진정이 되자 택시를 불러 다니던 산부인과로 갔다. 의사 선생님은 수술해야 한다고 말씀하셨다. 급한 상황 속에서도 나는 버티고 있었다. 수술이 아닌 자연분만을 하겠노라고. 의사는 남편과 큰 시누를 따로 불러 산모를 빨리 설득해서 수술받도록 하라는 것이었다. 아기와 산모 모두에게 힘들고 위험해질 뿐이라며. 결국 쓸데없는 고집을 접고 나는 원치 않았던 제왕절개로 아이를 낳았다.

얼마의 시간이 흘렀을까 차가운 수술대에 누워있었던 나는 어느새 따뜻한 구들장에 등을 대고 누운 채로 눈을 떴다. 친정엄마가 와 계셨고 남편과 큰 시누가 있었다. 나는 정신이 들자마자 남편에게 "아이 봤어? 손가락 10개, 발가락 10개씩 맞아?"

남편은 고개를 끄덕이며 맞다고 했다. 그때부터 나의 통증은 시작되었다. 마취가 풀리면서 움직일 수조차 없이 아팠다. 허리를 돌려 누울 수도, 걷기도 힘들었다. 그런 나를 보고 남편은 이 애 하나만 키우자고 둘째랑은 낳지 말자고 한다. 이야기를 듣고 있던 친정엄마는 조바심이 났던 모양이다.

"애 혼자면 안 돼. 외로워서" 정말 그러면 안 된다는 큰 뜻이 있는 것처럼 조용하면서도 간절함이 묻은 말투였다. 사실 남편 말에 나는 수긍했다. 정말 너무 아파서 두 번 다시 이 고통을 느끼지 않으리라 마음먹었다. 때 되면 시간 맞춰 주삿바늘 들고 찾아오는 간호사가 싫었다. 정말 아픈데 간호사는 그런 나를 사정도 봐주지 않는다. 엉덩이 주사 맞아야 한다며 몸을 휙 돌린다. "아~ 아악"

"엄살 그만 부려요" 쌀쌀맞게 말하는 간호사 말에 나는 어이가 없고 화도 났다. 지금 같으면 인터넷에 올리고 신상을 밝혔을 텐데(생각만) 어찌 그리도 냉정할까. 그럼에도 나는 말 한마디 하지 못하고 마음속에 삭힌다. 아픈 나를 봐주고 우리 아이도 돌봐주는 사람이라는 이유로. 그렇게 일주일을 산부인과에서 보내고 몸조리를 위해 친정으로 갔다.

친정에 왔으나 그리 편치가 않다. 아버지 보기가 힘들다. 4월이면 한창 농번기라 일손이 많이 필요한 시기이다. 그런 상황에 엄마 손을 빌리는 것이 여간 눈치 보이는 일이 아니다. 그렇다고 엄마가 내 몸조리를 위해 곁에서 아기를 돌봐주는 것도 아니다. 미역국을 끓여 놓고 가시면 밥을 차려 먹는 것도 아기를 돌보는 것도 내 몫이었다. 다만, 아기 기저귀와 목욕은 엄마가 담당해 주셨다. 조금은 가시방석 같은 불편함에서 일주일을 지내고 집으로 돌아왔다. 모든 것을 스스로 다 해야 하지만 마음만은 홀가분하고 편했다. 그래도 기댈 언덕이 있어서 일주일이라는 산후조리를 하고 왔다. 그 또한 나에겐 힘이었다. 친정이 있다는 그 사실이 내심 좋았던 것 같다. 집에 돌아와 서툰 엄마 역할을 하던 어느 늦은 밤, 아이의 울음소리가 심

상치 않았다. 아이가 태어난 지 한 달도 채 되기 전 일이다. 아무리 달래도 그치지 않는 아이의 울음소리는 더욱 고통을 호소하는 듯 커져만 갔다. 나는 놀란 가슴과 함께 아이를 안고 응급실로 달렸다. 그때 아이의 병명은 특별히 말하지 않았다. 아니 정신없는 나에게 얘기를 했으나 내가 기억하지 못하고 있는지도 모르겠다. 아이에게 주사를 놓기 위해 집중하고 있는 간호사들을 나는 지켜볼 뿐이다. 작은 아이의 손에 두 번 세 번 주삿바늘을 찔러댄다. 너무 어린 신생아라 그러리라 이해하기로 했다. 링거를 맞으며 잠든 아이를 보고 조심스레 안도의 한숨을 돌린다.

그렇게 시작된 응급실 출입은 돌 되기 전까지 이어졌다. 아이를 키우면서 나는 산모들의 붓기 걱정은 하지 않았다. 오히려 살이 10kg이 빠졌다. 거의 일 년 동안 제대로 잠을 자지 못했다. 이삼일 꼴로 응급실 문턱을 밟았고 한 달에 한 번 입원했다.

특별한 병명이 있어서가 아니었다. 아이가 자지러지고 숨 넘어가게 울었던 것은 장이 꼬이는 순간에 정말 아픈 통증이 생기는데, 그런 상황이 반복되는 것을 시간이 지난 후에야 알게 되었다. 일 년 동안 수많은 입원을 통해 친정엄마는 아이를 두고 하지 말아야 할 소리까지 하셨다. 어느 날 엄마는 아픈 아이를 안고 울고 있는 나를 바라보며 한숨 섞인 말을 내뱉었다.

"애가… 차라리 죽었으면 좋겠다." 순간 내 눈은 엄마 얼굴에 고정되어 있었다. 엄마의 말은 칼처럼 내 가슴을 베었지만, 그 눈빛에는 나를 살리고 싶다는 간절한 두려움이 담겨 있었다. 오죽하셨으면 그랬을까. 친정엄마는 당신 딸이 먼저 죽을 것 같은 불안이 몰려왔던 것 같다. 그래서 당신 딸을 살게 하고 싶은 마음에 아이가 죽었으면 좋겠다고 말씀하신 것이다. 엄마는 엄마의 자식을, 나는 내 자식을 살리고 싶은 똑같은 엄마의 마음이었다. 뼈만 앙상하게 드러난 몰골을 보니 손주가 예뻐 보일 리 없었을 것이다. 엄마의 말로 인해 우리 아이는 오래오래 건강하게 살겠구나 싶다.

어느 날 저녁이었다. 여전히 집과 병원 생활이 반반이던 우리 삶의 패턴이 이어지고 있었다. 저녁을 먹고 점점 밤이 다가올 때쯤 또 아이가 울기 시작한다. 잠시 아기를 안고 있던 남편은 참다 참다 아이를 침대에 던져 버린다. 이해도 된다. 새벽 일을 나가야 하는 애 아빠도 무척이나 힘들었을 것이다. 밤마다 아이 때문에 잠은 설치고 우리의 생활은 정상적인 생활이 될 수가 없었다. 그것을 알고 있음에도 나는 남편에게 서운했다. 아이가 아파서 우는 건데 어떻게 던질 수 있지? 서운함도 잠시 나는 불안해졌다. 사람의 신경을 가장 예민하게 하고 화나게 하는 것이 아이 울음소리라는 것을 인지한 나는 아이를 보호해야겠다는 생각이 먼저 앞섰다. 애 아빠가 나쁘고 사납고의 문제가 아니라 사람의 신경을 최고조로 건드리는 소리가 애 울음소리라는 것에 나는 불안했던 것이다. 애 아빠한테 따지기보다 아이를 업고 밖으로 나가는 것이 잘하는 일이라 생각했다. 그때부터 아이가 울라치면 업고 밖으로 나가 재워서 들어왔다. 새벽에 일어나서 울면 아이를 업고 나와서 잠들면 들어갔다. 이 방법이 아이를 보호하는 방법이라 생각했다. 사실 남편도 쉴 수 있도록 해주고 싶은 마음도 있었다. 지금 와서 남편은 그 일이 가장 후회가 된단다. 장성한 아들을 불러 놓고 알지도 못한 일에 아이에게 사과한다. 미안하다고. 그리고 나에게도 미안하다고 말한다. 그런 남편이 나는 멋있고 좋다. 사과할 줄 아는 남자여서. 남편은 자신의 마음을 알고 있다. 던지고 싶은 마음이 올라왔다는 사실을. 내 눈에도 그 마음이 보인 것이다. 그래서 던졌다고 표현을 한 것이고. 그 일에 있어서 나는 노심초사하며 말한 것이 아니라, 이해가 되었기에 웃고 넘기듯 던진 말이었다. 이 말이 남편에게는 그냥 스쳐 지나가는 소리가 아니었나 보다. 그동안 마음에 걸려 있었고 아들을 볼 때마다 미안했던 모양이다. 돌이 지난 아이는 우리에게 색다른 모습을 선물했다. 터질 것 같은 볼을 출렁이며 달리는 모습에서 귀여움은 넘쳐났고, 엄마, 아빠 부르며 웃어주는 모습에서는 웃음이 가득했고, 퇴근해 돌아오는 아빠에게 달려 안기는 모습에서는 세상 모든 것을 다 가진 기분으로 행복이 흘러넘쳤다. 그동안 아픈 시간들로 조마조마했던 마음을 모두 씻어내고 있었다. 아이는 더 이상 병원 신세를 지지 않고 무럭무럭 자라주었다. 그 시간을 겪었기에 지금의 웃음과 행복이 얼마나 소중한지 나는 더 깊이 안다.

잘 살고 있어

아이로 인해서 친정 부모님과 자연스레 왕래가 이루어졌다. 서로 말하지 않아도 서운한 것은 서운한 대로 묻고 아무 일 없듯 세월 따라 흘러간다. 친정엄마는 만날 때마다 "아이 혼자는 외로워서 안 된다. 둘은 돼야지" 하신다. 첫째 아이가 돌이 지나면서 아프지 않고 예쁜 짓 하는 것을 보니 우리 생각도 조금씩 바뀌기 시작했다. 우리를 위해서가 아니라 예쁜 첫째 아이를 위해 둘째가 필요할 것 같은 생각이 자꾸자꾸 머릿속에 자리 잡는다.

둘째가 생겼다. 나는 입덧이 거의 없었다. 첫째 때도 둘째 때도 순조로웠다. 그래도 애를 가졌으면 한 번쯤은 무엇이 먹고 싶다 해야 할 것 같았다. 하루는 퇴근하고 집에 들어오는 남편에게 부탁했다.

"굴이 먹고 싶어. 좀 사 와주라"

"시장이 바로 앞인데 내일 나가서 사 먹어" 남편의 대답에 말을 잃었다. 솔직히 말하면 즉시 남편이 사 올 거라 확신했다. 그런데 나의 크나큰 착각이었다. 임신해서 처음으로 먹고 싶다고 말했는데 단칼에 거절당했다. 그때는 몰랐다. 순간 서운하기는 했어도 섭섭함이 오래 남아 내 입에서 되새김질 되리라는 생각은 하지 못했다. 지금 와서 궁금해진다. 왜 사다 주지 않았는지. 서운한 마음에 차라리 가짜로라도 "입덧을 했어야 했나"라는 생각이 올라온다.

11월 21일 둘째 아이를 낳았다. 첫째를 수술로 만나 둘째도 당연히 수술해야 한다는 의사 말에 따라 수술 일정을 잡고 수술했다. 예쁜 딸아이다. 첫아이를 힘들게 키워서일까. 둘째는 첫째에 비해 순했다. 낮과 밤이 바뀐 딸아이를 봐주려고 남편은 2박 3일 회사에 결근계를 내고 아이를 봐주기도 했다. 그렇게 평온한 나날을 보내고 있는데 남편 회사가 문을 닫게 된다는 소식이 전해졌다. 그 사이 이 일이 벌어질 거라는 예고는 있었지만, 막상 결정 났다고 하니 염려가 밀려왔다. 딸아이의 백일이 지나고 얼마 지나지 않아 남편 회사가 문을 닫았다. 그럼에도 다행인 것은 같이 일하던 부장님의 제의로 일할 기회를 가질 수 있었다. 하지만 우리는 주말 부부가 되어야 했다. 어린 두 자녀를 혼자 돌보며 밤을 보낸다는 것이 무서웠다. 아이가 아프면, 도둑이 들면… 벌어지지 않는 일에 걱정이 앞선다. 많은 사람들이 걱정하는 90%가 일어나지 않을 일을 걱정하고 그런다더니 내가 지금 그러고 있다. 시뮬레이션을 그려가면서까지 디테일하게 상상한다. 도둑이 들면 아이들은 나를 지키지 못할 테고 내가 아이들을 지켜야 하는데 그 또한 현실 불가능하다. 이 일은 내 능력 밖의 일임에도 불구하고 머릿속을 헤집고 다니는 걱정거리는 어찌할 수 없다. 그럼에도 결론적으로, 나를 지켜줄 수 없는 아이들이지만 나는 이 아이들을 의지하며 잘 지내고 있다는 것이다.

둘째 아이의 돌이 지나고 낙엽은 땅을 뒹굴며 재주를 부린다. 주변의 산도, 북적대는 시장에서도 겨울 준비가 한창이다. 자판 위에는 갖가지 김장 재료와 먹거리 사과, 대봉, 귤 다양하게 진열되어 손님들을 기다리고 있다. 시장은 마실 겸 아이들과 나들이 삼아 종종 방문하는 곳이다. 좁은 방에서 두 아이와 함께 놀아주기란 여간 힘이 든 것이 아니다. 그럴 때면 유모차에 태워 학교 운동장으로, 시장으로 한두 바퀴 돌아 집으로 간다. 자주 아이 아빠의 빈 자리가 크게 다가온다. 상황이 허락하지 않기에 형편에 따라 함께 흘러간다. 말하지 않아도 우리는 서로의 마음을 알고 있다. 서로에게 느끼는 고마움으로 현실을 이겨내고 있다. 보고 싶은 아이들을 보지 못한 채 돈을 벌기 위해 타향살이하고 있는 남편이 짠했고, 두 아이를 양육하며 혼자 생활하고 있는 아내를 안쓰러워했다. 우린 서로의 안부를 챙기며 살아간다. 부자는 아니지만 잘살고 있다는 뿌듯함이 있다. 서로를 생각하고, 위해주며, 짠한 마음으로 보듬어주면서 살아가고 있는 우리는 잘살고 있었다. 이게 행복 아니던가. 나는 말하고 싶다. 지금 행복하다고.

소식

학생들에게 신나는 겨울 방학이 찾아왔다. 집 옆에 있는 학교 운동장이 조용하다. 그네도 심심하고 시소도 찾는 이 없어 외로이 자리를 지키고 있다. 스산한 겨울날 서울에서 전화가 걸려 왔다. 언니였다. 형부 건강이 좋지 않아 입원해 있단다. 어린 조카들만 집에 남아 있어 내가 올라와 주었으면 하는 전화였다. 형부의 병명은 대장암 말기였다.

나는 두 아이의 짐을 챙기고 기차표를 끊어 서울로 향했다. 조카들과 함께 지내는 시간이 활발하지만은 않다. 말수가 줄어든 조용한 분위기와 흔들리는 눈동자에서 느껴지는 불안함, 그리고 무겁게 흘러가야만 할 것 같은 겨울은 더욱 차갑게 느껴졌다. 형부 나이 45세, 언니는 38세였다. 한창 지지고 볶고 살아가야 할 젊은 나이에 서로 겪지 말아야 할 시간을 겪고 있는 것 같아 마음이 많이도 아프다. 서울 올라온 지 2주가 지날 무렵, 시골에 계신 아버지에게 전화가 걸려 왔다. 살던 집 보일러가 터져 부엌에서 물이 넘쳐 문틈으로 새고 있다는 것이다. 그래서 바로 내려오라는 전화였다. 어떻게 하나… 고민이 크다. 웃음이 사라지고 불안해하는 아이들만 두고 가자니 마음이 무겁다. 돌이켜보면 굳이 내가 내려왔어야 했나라는 마음이 스친다. 열쇠 핑계를 대셨지만, 이런저런 아쉬움이 많이 남은 마음으로 하행선 열차에 올랐다.

내려왔을 땐 전문업자를 불러 수리는 끝나 있었다. 아버지 덕분에 더 큰 피해는 막을 수 있었다. 도착하는 날 저녁때쯤 아버지께 전화가 걸려 왔다.

"테레비 위에 보일러 고친 사람 전화번호 적어 놨은게 혹시 보일러 이상 있으면 그짝으로 전화해라"

아버지는 시내 나오시는 길에 혹시나 하는 마음으로 집에 들르셨다는 말씀으로 시작하여 고친 그 순간까지의 모든 발걸음 발걸음을 다 말씀하셨다. 그것은 "아버지 수고하셨습니다" 인사를 듣고 싶어서였다. 아버지는 인사성 바른 걸 좋아하신다. 때에 맞는 인사는 아버지에게 예의에 있어서 으뜸이라 생각하신다. 아버지의 그런 성격을 알면서도 가끔은 하고 싶지 않은 때가 있었다. 억지 같은 인사 같아서. 그런데 지금은 그 마음을 이해한다. 시간이 흘러 나이를 먹어보니 감사함은 당연히 표현해야 하는 것이었다. 때에 맞는 인사는 상대를 위한 배려와 서로의 관계를 좋게 유지하는 윤활유였다. 인사가 삶을 살아가는 데 얼마나 유익하고 평안함을 선사하는지 지금은 잘 알고 있다. 수리된 따뜻한 방에서 아이들과 함께 있자니 아버지의 잔소리 같은 말씀도 결국은 사랑의 다른 이름이었음을 느낀다.

새벽 2시쯤 찬 기운 때문에 잠에서 깼다. 보일러에 점검 불이 들어왔다.

"어라, 어떡하지? 아침까지 기다리기엔 애들이 추울 텐데"

아버지께서 메모해 놓은 쪽지가 생각났다. 메모지를 한 번 보고 시계를 쳐다보고, 잠시 망설였지만 곧 전화 수화기를 들었다.

"여보세요"

"아, 새벽에 정말 죄송합니다. 신생아가 있어서 실례인 줄 알면서 전화 드렸습니다. 오전에 보일러 수리해 주셨다고 아버지께 연락받았는데 문제 있으면 이 번호로 전화하라고 해서요. 죄송한데 와주실 수 있을까요? 부탁드립니다."

"잠시만요"

공기와 합쳐진 목소리는 떨어진 전화선을 타고 내 귓전을 스친다.

"일어나 봐요"

"아구 참, 아침에 일찍 간다고 그래"

"신생아가 있다는데, 안되면 애 엄마랑 애들 데리고 와요. 추운데 어떻게 하라고."

"아휴…, 지금 간다고 대문 열어 놓으라고 해"

피곤함과 아직 잠이 덜 깬 목소리가 전화선을 타고 우리 집 내 귀까지 스며들어 박힌다.

"지금 가신다고 하니 대문 열어놔요"

중년 여인의 목소리는 여전히 부드럽고 따뜻했으며 나를 안심시켰다.

아이들이 차디찬 새벽 기운에 깰까 조심조심 이불 하나를 더 덮어주었다. 스웨터를 걸치고 나오니 별빛은 내리다 멈춰 선 듯 힘이 없다. 새벽 공기는 사람들의 걱정을 덜어내듯 조용하면서도 스산한 바람으로 세상을 쓸고 있다. 대문을 열어 두고 돌아서는 내 마음에 뭔지 모를 공허함이 훅 들어온다. 애들 아빠가 보고 싶다. 대문을 열고 깜짝 들어설 것만 같다. 남편이 있었다면 덜 초조했을 텐데 찬 공기에 혹여나 아이들이 깰까 노심초사 마음이 불안하다. 방에 쪼그리고 앉아 돌아가는 시곗바늘만 바라보고 있다. 삐-익 대문 열리는 소리가 들린다.

기다리던 발소리가 마당을 지나고 방문을 지나 보일러실로 향한다. 이제 곧 방이 따뜻해지겠구나 싶은 안도감이 찾아 들면서 나는 어디에 있을까를 고민한다. 방으로 들어가고 싶은 마음과 보일러실에 같이 있어야 한다는 마음이 부딪치고 있다. 새벽잠을 털고 나오신 분이시기에 곁에서 이야기 동무라도 해 줘야 함이 마땅함에도 머뭇대는 내 모습이 있었다.

수리업자는 아버지 연세쯤 돼 보였다. 보일러 이곳저곳을 살피시며 나에게 말을 건넨다.

"교회 다녀요?"

"네" 대답하는 내 마음은 교회라는 소리에 왠지 거리를 두고 싶은 마음이 훅 올라왔다.

아저씨는 일손을 멈추시더니 장갑을 벗고 밖으로 나가 전단지를 들고 오신다.

"심심하니까 읽어보고 있어요"

전단지에는 죽음과 천국을 묻는 교회에 관한 내용이 적혀 있었다. 보는 둥 마는 둥 가볍게 넘길 이야기로 설렁설렁 읽어가고 있었다. 그러면서 힐끗힐끗 아저씨의 움직이는 손놀림을 바라본다. 언제쯤 고쳐질까 빨리 고쳐지기를 바라는 마음뿐이다. 쪼그리고 한쪽에 앉아 있는 나를 바라보며 또다시 질문을 던진다.

"천국 갈 수 있어요?"

나는 이 질문에 지체하지 않았다.

"죽어봐야 알지 어떻게 알아요."

"아닙니다. 천국은 살아있을 때 확실히 알고 가는 겁니다"

부드러운 말투지만 확신이 차 있는 모습에 조금은 의아했다. 아저씨는 진중했다. 그러나 나는 아니었다. 빨리 방으로 들어가고 싶었다. 자꾸 대화를 이어가는 아저씨는 보일러보다는 전도에 마음이 큰 듯했다.

"내일 우리 교회 와서 성경 배워볼래요?" 훅 들어오는 질문에 마음이 혼란스럽다. 가지고 있던 전단지를 만지작거리며 대답하기를 망설였다. 아저씨는 나의 대답을 기다리는 듯 조금은 느려진 손놀림으로 보일러를 만지며 침묵을 이어갔다. 마음은 "아니요." 하는데 밖으로 나오는 대답은 "아, 네…." 한다. 추운 겨울 새벽, 보일러를 고치러 온 분의 "성경 배워볼래요?"라는 조용한 부탁에 어떤 다른 답을 할 수 있으랴. 한 시간 남짓 처음 본 아저씨와 작은 공간에서 나눈 대화는 서로 다른 관심사로 시작했지만 결국 따뜻함을 선물 받은 시간이 되었다. 문 앞에서 인사를 나누는 순간에도 아저씨는 다시 한번 일침을 놓고 간다.

"아침 열 시까지 준비하고 있어요. 태우러 올게요."

"수고하셨습니다. 감사합니다."

대문을 잠그고 들어오는 새벽 기온이 내 몸을 휘감는다. 그래도 곧 따뜻함이 방안을 채울 거라는 생각에 마음이 놓인다.

아침 일찍 잠에서 깨어난 아이들은 뽀얀 얼굴로 엄마를 맞이한다. 추운 밤이었지만 추운 줄 모르고 잘 자고 일어난 행복한 얼굴이다. 9시 40분쯤 되어 보일러 수리하신 아저씨가 우리 집으로 오셨다. 오시지 않았으면 했던 내 마음은 산산조각 나듯 깨지고 심란함이 몰려왔다. 못 가겠다고 목구멍까지 올라오는 말을 끝내 내뱉지 못하고 두 손은 아이들의 필요한 것들을 가방에 챙기고 있었다. 아저씨는 큰아이 옷을 입혀 먼저 데리고 나가시며 천천히 챙겨 나오라 하신다. 나는 둘째 아이를 품에 안고 따라나섰다. 신호대기 시간까지 포함해 삼사 분 거리에 있는 가까운 3층 건물 앞에 트럭은 멈췄다. 2층에 도착하니 일반 가정집이라 하기엔 넓은 교실 같았다. 마루를 사이에 두고 왼쪽은 부엌, 맞은편은 학교 유리창처럼 여러 개의 창문이 있었다. 창문으로 들어오는 햇살이 따뜻하고 눈부셨다.

우리를 맞아주시는 분은 할머니 한 분, 중년 여성 두 분, 그리고 연세가 있으신 목사님이었다. 거실 같은 교실을 지나 안쪽에는 방 두 개가 있었다. 대충 인사를 나누고 나는 엉겁결에 두 아이를 그들에게 맡긴 건지 빼앗긴 건지 분리되어 목사님과 단둘이 방안에 들어와 있었다. 목사님은 기도를 시작으로 성경을 펼쳐 가르치셨다. 하루에 두 시간씩 삼일 차까지 성경을 배운 나는 의구심이 생겼다. 나름 성경을 읽었다고 생각했는데 정말 그러한가? 이런 내용이 성경에 있었나? 라는 궁금증이 생기면서 확인해야 한다는 생각이 강하게 밀고 올라왔다. 배움을 잠시 멈추고 확인이 먼저였기에 나오지 못할 핑계를 찾아야 했다. 기존에 다니던 교회의 모임을 핑계로 나는 혼자 집에서 성경을 읽고 확인했다. 그때는 몰랐지만 나는 이미 새로운 깨달음 속으로 빠져들고 있었다.

다니던 교회를 뒤로하고 새로운 교회로 발걸음을 돌렸다. 다시 말해 내가 결혼식을 했던 교회를 떠나왔다는 것이다. 1999년 2월부터 새로운 교회에서 신앙생활을 시작했다. 병상에 누워계신 형부가 생각났다. 나는 다시 두 아이를 데리고 서울행 기차에 올랐다. 솔직히 말하면 전도하고 싶어서였다. 죽음을 앞둔 형부에게 내가 알고 있는 사실을 전하고 싶었다. 그러나 쉽지 않았다. 언니 문턱을 넘지 못했다. 언니는 지쳐 있었고 그 어떤 말도 들으려 하지 않았다. 그저 형부의 가녀린 숨소리에 매달려 있을 뿐이었다. 지금 와서 나는 깨닫는다. 내가 얼마나 이기적이었는지, 언니 가슴에 생채기를 여러 번 낸 사람이었는지. 들숨 날숨을 아끼며 형부 곁을 지키는 언니는 초췌하기 그지없었다. 곧 꺾어져 버릴 것 같은 사람 앞에서 나는 전도해야 한다는 생각만 가득했다. 나로서는 그게 최선이었고 곧 떠날 형부에게, 혼자 남아 있을 언니에게 줄 수 있는 최상의 선물이라 믿어 의심치 않았다. 형부에게는 천국을, 남아 있는 언니에게는 떠난 형부가 천국에 갔다는 안도감을 주고 싶은 그 꿈을 꾸고 있었다. 지나고 보니 어리석은 꿈속에서 헤매고 있었다.

명절을 보내겠다고 형부가 집으로 돌아왔다. 아무도 말하지 않았지만, 이번 명절이 형부에게 마지막이라는 사실을 모두 알고 있었다. 병약해진 형부를 보고 나는 결국 용기를 내지 못했다. 홀로 제대로 걷지 못하고 힘겹게 호흡하는 모습을 보며 밀려오는 슬픔과 동시에 기회를 놓쳤다는 아픔이 다가왔다. 지금 생각하면 그 기회를 놓친 것이 다행이었다. 그때 형부에게 전도 한다는 이유로 "형부 곧 돌아가실 것이니 죽음을 준비하세요". 라고 말했더라면 평생 후회하며 살아야 했을 것이다. 언니와 조카들에게 큰 상처를 안겨줄 뻔했다. 천만다행히도 무사히 넘긴 그날을 지금은 감사하고 있다.

이번 명절은 따뜻한 바람과 차가운 바람이 함께 들어왔다. 아이들을 핑계 삼아 당일치기로 시외가와 친정을 다녀왔다. 그리고 남편에게 교회당을 다른 곳으로 옮겼다고 말했다. 짧은 연휴 동안 남편에게 전도하며 주말부부 생활을 청산하고 우리 곁으로 돌아오기를 제안했다. 명절의 분주함이 채 가시기도 전에, 형부의 부고 소식이 날아들었다. 숨이 막히듯 답답했다. 그리고 그달 말 남편이 우리 곁으로 돌아오면서 안도감이 내 마음을 가득 채웠다.

내 신앙은

성경을 배우고 새로운 것을 깨달았다는 기쁨으로 23년이 넘는 신앙생활에 자부심이 있었다. 우리 아이들이 세 살, 두 살 때부터 다니던 교회였으니 지금은 다 큰 성인이 되었다. 나름 복을 받았다는 감사함에 그 행복을 가장 가까운 가족들과 함께 누리고자 마음을 다했고 열심히도 살아왔다. 부모님을 전도하고, 큰오빠 내외를 전도하며 나로부터 시작된 신앙의 길은 점점 지경이 넓혀지고 있었다.

부모님을 전도하는 데 2년, 큰오빠 내외를 전도하는 데 5년이 걸렸다. 너무나 힘들게 전도했던 가족이다. 동생도 말씀을 듣고 신앙생활을 2년 넘게 했지만, 사람들에게 실망하여 교회를 떠나는 일이 있었다. 분명 떠나게 된 이유를 들었음에도 내 귀를 스치고 갈 뿐 마음의 상처를 받은 동생을 걱정하기보다는 교회를 떠나야만 하는 동생이 이해되지 않았다. 도대체 내가 가진 확신은 무엇이었던가. 구구절절 핑계 댈 것이 없다. 인생은 각자라는 말을 실천이라도 하듯 결과는 나만 생각했던 신앙생활이었다.

두 손을 내밀어 스스로 수갑에 묶인 채 끌려가면서도 나는 자유롭다, 행복하다 자신을 속이며 살아왔다. '소경이 소경을 인도하면 둘 다 구덩이에 빠진다'는 성경 구절이, 소경인 줄 모르고 눈뜬 자라 자부하며 살아온 나를 비웃고 있다. 가끔 사이비 교회, 이단 교회에 대한 다큐가 방송되는 것을 본다. 그곳에서의 교인들을 볼 때면 한숨이 나왔다. 어떻게 저런 곳에 빠질 수 있지? 어떻게 하면 사리 판단이 안 될 수 있지? 이해되지 않던 부분이 지금 나는 이해가 된다. 테두리 밖에서 보는 사람에게는 보이고 들린다. 그러나 그 안에서 생활하고 있는 사람들에겐 보이지도, 들리지도 않는다. 잘못을 보아도 그것이 옳다고 스스로 판단한다. 몸은 이 세상과 함께 뒹굴며 살지만 정신은 교회 세상에 있기에 주변 사람이 옳은 말을 해도 알아듣지 못하고 되레 배척하며 자기들끼리 똘똘 뭉친다. 그 사상과 가스라이팅이 두려우리만큼 그들의 정신을 붙잡고 있다. 상상 그 이상으로 말이다. 이성적인 판단을 기대할 수 없다. 조금은 다른 모양이지만 사회에서도 이성적 판단 없이 상하 직위에 복종해야 한다는 이유만으로 행동한다면 이단 종교와 다를 게 없다. 이성적인 판단이 묵과되는 곳, 그곳이 곧 보이지 않는 또 다른 종교가 만들어지고 있다는 것이다.

나는 오랫동안 삶의 냄새를 잊고, 삶의 소리에 귀를 닫고 살아왔다. 모든 사람이 함께 살아가야 할 세상을 보지 못하고, 나와 함께한 작은 공동체만을 내 세상이라 여겼다. 돌아보면 하지 못한 일들이 떠오르지만, 그것은 결국 내가 스스로 피했던 일임을 안다. 불편함이 싫어서 신앙인이라는 옷을 걸치고 하나님께 맡긴다는 핑계를 대며 살아왔다.

23년의 신앙생활 가운데 3분의 1을 교회 사무실에서 보냈다. 같은 신앙인이라도 남들보다 더 많은 것을 보고, 듣고, 경험했을 것이다. 그럼에도 내가 오래 머물 수 있었던 건 믿음이나 소망이라는 거창한 이유가 아니었다. 인정받고 있다는 마음, 쓸모 있는 사람이라는 자기만족, 긴장과 떨림 속에서 느끼던 작은 짜릿함이 나를 붙들고 있었음을 고백한다. 내 신앙은 결국 나를 위한 신앙이었다.

예수님을 믿는다고 고백하면서도, 실제 삶은 예수님과 반대되는 길에 서 있었다. 예수님은 세상의 부당함에 맞서다 십자가를 지셨다. 진정한 신앙인이라면 그 부당함 앞에 노출된

이들과 함께해야 한다. 그러나 현실 속 교회는 영혼만을 부르짖는다. 그것도 모자라 이분법적 논리가 마치 당연한 일처럼 세상과 구분 짓고 오직 자신들의 공동체만 옳은 것처럼 가르치며 따르게 한다. 기독교 정신은 결코 우리 공동체라는 것에 한정을 두지 않았다. 예수님은 세상 모든 이들을 위해 걸어가셨다. 우리도 내가 믿는 공동체만을 위한 생활은 이제 멈춰야 한다. 소외된 자들에게 눈길을 돌리고 손을 내미는 이것이 기독교 정신이며 끝까지 붙들어야 할 우리의 소명이자 사명이다. 나는 이제 교회 안의 울타리를 넘어 내 삶의 자리에서 작은 사랑을 실천하며 살아가려 한다.

적정선

교회라는 곳은 이래야 한다는 나름의 좋은 이미지를 품고 있는 사람들이 많다. 교회를 다니는 사람이든 아니든, 사람들 마음속에는 '좋은 곳'이라는 기대가 자리한다. 그래서 잘못이 드러날 때 더 큰 실망과 아픔이 찾아온다. 요즘은 실망을 넘어, 교회라는 말만 들어도 고개를 돌리며 멀리하려는 이들이 많다. 그 책임은 교인을 비롯해 앞에서 가르치는 목회자들에게도 결코 가볍지 않다. 실망은 결국 사람에게서 오는 것이다.

교회 하면 사랑을 빼놓을 수 없다. 뭔지 모를 사랑. 왠지 이 말이 정답이겠구나 싶은 생각이 든다. 이름 한 번 불러주는 작은 관심이 사랑일 수 있다. 배고픔을 잊게 하는 한 끼 식사가 사랑이 되기도 한다. 따뜻한 말 한마디가 사랑으로 다가올 때도 있다. 예전 교회에 베풂과 나눔이 있었다면, 지금은 욕심이 그 자리를 대신하고 있다. 겸손은 사라지고 교만이 하늘을 찌른다. 사람보다 돈이 앞서고, 지혜보다 어리석음이 두드러지며 감사보다는 당연함이 염치마저 삼켜 버렸다. 시대와 사회 탓으로 돌리고 싶겠지만, 예수님을 따른다고 하는 사람들이라면 그런 속에서도 교회를 지켜내야 하지 않을까. 성경은 변하지 않았는데, 눈에 띄게 문제점이 보이는 것은 결국 사람이다. 사람의 생각이 생활 가운데 행함으로 드러난다. 교회는 교회다워야 한다. 다시 말하면, 교회는 곧 사람다움이다.

누구를 탓하랴. 손뼉도 마주쳐야 소리가 나는걸. 부끄러움을 모르고 앞서거니 뒤서거니, 경계해야 할 욕심을 경쟁으로 생각하는 것 같아 답답함이 밀려온다. 욕심이 양심을 삼켜버렸다. 자기 잘난 맛에 사는 것이 죄는 아니지만, 도를 넘으면 다른 사람을 넘어뜨리는 죄가 된다. 무엇이든 넘침이 문제가 된다. 사라진 양심과 넘침이 짝을 이루어 사람 사이의 신뢰를 허물고 관계를 황폐하게 만든다.

사람 사이에는 꼭 필요한 것이 있다. 그것은 바로 적정선이다. 아무리 가까운 사이라도 적정선을 지키지 않으면 관계는 무너지게 마련이다. 사회와 공동체에서는 그 선이 법과 약속이 된다. 그것이 무너지면 소수의 사람이 자기들만의 기준으로 공동체를 끌고 간다. 선이 무너진다는 것은 생각보다 훨씬 무섭고 파괴적이다. 교회도 예외는 아니다.

　어느 공동체든 반드시 해야 할 일은 주권자가 바뀌어도 변하지 않는다. 그러나 하지 않아도 되는 일은 금세 사라진다. 사라졌다는 건 '오너'라 생각하는 사람의 취향에 맞췄을 뿐이다. 해야 할 일과 그렇지 않은 일을 가려내지 못하면 주권자가 바뀔 때마다 반복될 수밖에 없다. 결국 중요한 것은 '해야 할 일인지 아닌지'를 분별하는 지혜다. 그리고 분별하는 지혜가 있다면 선을 긋는 용기도 필요하다. 그런데 많은 사람들은 분별하는 지혜를 어리석음 뒤에 감춰 버린다. 선을 긋는 용기는 아예 없었던 듯 외면하고 결국 스스로 편한 길을 택한다. 그러나 편함을 고집하면 공동체는 중요한 것을 잃고 중요하지 않은 것에 매달리게 된다. 교회를 지켜내는 힘은 결국 선을 긋는 용기와 분별의 지혜에 달려 있다.

　이 분별은 공동체뿐 아니라 일상에서도 필요하다. 입이 맛을 구분하듯 귀는 삶을 구분한다. 어느 날 동생이 나에게 말한다. 언니랑 얘기하다 보면 대화가 끊기고 세상과 단절된 기분이 든다고. 그땐 당연하다 여겼다. 동생과 나는 서로 다른 세상에 산다고 믿었기 때문이다. 그러나 그건 어처구니없는 발상이었다. 세상을 흑백으로만 바라본 내 모습이 얼마나 부자연스러웠을까. 동그랗게 그어놓은 테두리를 벗어나면 큰일 나는 것처럼 그 테두리를 벗어나지 않으려 애쓰며 살아왔다. 흑백으로만 세상을 바라보던 내가 얼마나 어리석었는지 알 것 같다. 세상에는 흑백뿐 아니라 색색의 아름다움이 만개하고 있었는데 보이지 않고 잡히지 않은 것에만 연연했던 내가 있었다.

때가 되면 갈 사람은 가고 올 사람은 와서 또 다른 인연을 맺으며 살아간다. 그 사람의 지나간 흔적은 누군가에게 무지갯빛이 되기도 하고, 또 다른 이에게는 지울 수 없는 얼룩을 남기기도 한다. 한 사람이 많은 사람과 더불어 살아가다 보면 모두에게 좋은 향기를 남길 수는 없다. 그러나 사람 사이에 꼭 지켜야 할 도리와 예의, 감정과 규칙, 존중과 이해 같은 기본이 바탕이 된 삶이라면 그것으로 충분하다. 하지만 기본이 무너진 곳에서의 인연은 떠나고 나면 지우고 싶어진다. 기본이 무너진 곳에서의 좋음은 모래성처럼 잠시 보는 부질없는 기쁨이고 신뢰를 쌓은 듯한 관계는 연기처럼 사라지는 공(호)에 불과하다.

살아온 세월을 돌아보면 인생은 덧없다고 말하는 이들이 많다. 보람과 성취가 있어도 마지막에는 허무만 남는다는 것이다. 목표를 향해 달리면 무언가 달라질 것 같지만, 막상 달려와 보면 그대로인 인생. 이곳까지 오기 위해 포기한 일만 머릿속에 맴돈다. 그 길 위에서 나는 알게 되었다. 삶을 지탱하는 또 하나의 힘은 결국 적정선을 지키는 것이었다. 개인은 물론, 교회도 마찬가지다. 그 선을 잃지 않을 때, 비로소 사람다움을 지켜내는 공동체가 될 것이다.

별반 다르지 않았다

　이 교회에 발을 들여놓은 때가 1999년 2월이었다. 얼마 지나지 않아 교회당 건축이 시작되었고 일 년이란 시간을 걸쳐 마침내 완공되었다. 그야말로 새로 지어진 건물에서 한층 더 새로운 마음으로 나의 신앙생활은 시작되었다. 건축이 막 끝난 직후라 주변은 어수선하고 교회당이 커진 만큼 체계적인 갖춤이 필요했다. 입당식을 마치고 첫 임원회의 안건으로 올라온 것은 사무실 직원을 구하는 일이었다.

　신앙생활 시작한 지 이 년밖에 되지 않은 나에게 사무실을 맡아 달라는 제안이 들어왔다. 전혀 생각지 못한 일이었다. 하나님 앞에 감히 일할 자격이나 될까? 하는 두려움이 앞섰다. 이 교회에 들어설 때 나는 겸손한 마음으로, 조심스럽고, 하나님 앞에 부끄럽지 않게 살겠다는 마음으로 들어왔기에 이곳에 모인 사람들 또한 나와 같은 마음으로 살아가는 사람들이라 한 치 의심도 하지 않았다. 그렇게 훌륭한 사람들이 많은데 왜 하필 연륜도 짧은 나를 그 중요한 교회 살림이 이루어지는 사무실에 앉히려 할까. 의문과 두려운 마음 가운데에서 한번 해보리라는 의지가 생겼다.

일반 사무실에 비하면 턱없이 부족한 보수였지만 족했다. 어디에서든 마찬가지이겠지만 준비되어 있지 않은 곳에서는 처음 시작하는 사람이 힘든 법이다. 맨땅에 헤딩한다는 말이 떠오른다면 이해가 조금 쉬워질지도 모르겠다. 아는 것 없이, 도움받을 곳도 없이 혼자 일머리를 찾아가야 하는 것이 쉽지 않았다. 그럼에도 즐거웠다. 하나하나 만들어가는 재미도 있고 성취감도 있고 나름 유익하고 바쁘게 보내고 있었다. 사무실 직원이라 하기엔 집사에 가까웠던 기분은 나의 책임감 때문이었을 것이다. 내 교회라 생각했기에 주변까지도 세심하게 살폈던 것 같다.

일 년이 지나고 이 년이 지나 시간이 흐르면서 이곳에 모인 사람들이 특별한 사람들이 아닌 평범한 사람임을 알았다. 처음 들어올 때 가졌던 내 마음은 하나하나 무너지고 있었다. 나는 이곳에서 평범하지 않은 특별한 사람이 될 거라고, 특별해질 거라고 마음속으로 다짐했었다. 성경을 배우면서 예전처럼 살면 안 된다고 생각했었다. 좀 더 착하게, 욕심부리지 않고 다른 사람에게 도움이 되는 그런 사람. 그러면서 만족을 알고 감사할 줄 아는 예쁜 삶으로 살아가리라 생각했는데 그것은 내가 가지고 들어온 내 꿈일 뿐이었다.

다른 사람들은 바보스럽다고 말하겠지만 그것이 내 착한 마음이었다. 지금은 안다. 사람이 온전해질 수 없는 존재라는 걸. 사실 내 자신만 자세히 들여다봐도 알 수 있었던 것을 나는 환상을 안고 들어왔다. 그 환상을 깨부수려는 듯 실망스러운 말과 행동들이 내 양심을 터치하며 깨우고 있었다. 신앙을 저버린 듯한 목사의 욕심은 내가 가진 신앙이 무엇인가를 생각하게 했고 그런 사실들을 알고 겪으면서도 침묵하고, 오히려 옳은 양 감싸안는 성도들의 모습에서 나의 교회관은 무너져 내렸다. 처음에는 나 역시도 이해하려 했다. 우리가 회사를 이직해도 처음에는 배우려는 낮은 자세가 있기에 판단보다는 이해가 앞서고 내가 부족하니까라는 내 탓을 한다. 그러다가 회사에 적응이 되고 안도감이 찾아오게 될 즈음 다른 이의 모습이 보이면서 불평과 판단의 소리를 낸다. 이처럼 내가 지금 그런 위치에서 판단하고 있는 거라 생각했다. 참 특별할 것 없는 고만고만한 사람 마음을 다시 한번 느끼면서 말이다. 그러나 시간이 흐를수록 내 탓이 아님을 알았다. 목사의 염치없는 욕심은 끝없이 진화하고 성도들은 그 사실을 묵인했다. 무엇이 옳고, 그른지조차 판단하지 않으려는 성도들의 생각이 당연함으로 자리 잡고 있었다. 그 모습에서 나는 신앙과 교회에 대해 진지하게 다시 생각하는 계기가 되었다.

살아가면서 서로 눈살 찌푸리지 않고 산다면 제일 좋겠지만, 만 가지의 마음을 가진 사람을, 누가 다 붙잡을 수 있으랴. 교회뿐 아니라 집단 어디서든 부당함을 드러내는 일은 결코 쉽지 않다. 사회 곳곳에서 벌어지는 조용한 죽음은 부당함에 저항한 소리 없는 외침이다. 나 아니면 괜찮다고 여기는 것은 이기적인 마음이다. 가까이 있는 사람이 살려 달라 외치는데 나는 괜찮은데 왜 저러지? 하고 외면한다면 어찌 그와 신뢰를 쌓으며 살아갈 수 있을까. 어느 한쪽만 이해하길 바라는 것은 결국 힘없고 권력 없는 사람이 숙이고 들어가라는 부당함의 강요일 뿐이다. 이것은 어느 한 사람의 문제가 아니라, 옳고 그름의 문제다. 그 자리에 다른 이해관계가 끼어들면 문제는 해결될 수 없다. 아픈 사람만 계속 아파하고 나머지는 침묵을 지킨다면 그것은 곧 습관이 되어 당연시된다. 그 결과 감사치 못한 생활이 도를 넘고 결국 공동체까지 욕을 먹게 된다. 물론 사람 사는 곳에 어디 흠이 없겠냐마는 교회라면 적어도 세상보다는 좀 더 균형 잡힌 모습을 보여야 하지 않겠는가.

생각 차이가 하늘과 땅 차이

정치 이야기가 난무한다. 덩달아 교회가 정치판과 엮인 뉴스를 자주 보게 된다. 정치가 종교인지, 종교가 정치인지 분간이 안 갈 정도다. 참 씁쓸한 현실이다. 정치 이야기를 듣다 보면 교회 이야기를 듣는 것 같고, 교회 이야기를 듣는데 정치 이야기인 듯한 이 기분. 세상과 구분되어 있다고 스스로 말하지만, 피부로 느끼는 현실은 전혀 다르다. 신앙인지 정치인지 혼합된 술을 마신 것처럼 이리 비틀 저리 비틀 중심을 잡지 못한다.

교회 안에서도 정치가 행해지고 있다. 막연하게 알고 있던 '정치'라는 말을 국어사전에서 찾아보았다. 정치는 나라를 다스리고, 권력을 얻고 유지하며 행사하는 활동으로, 국민이 인간답게 살도록 돕고 상호 이해를 조정하며, 사회 질서를 바로잡는 역할을 한다고 적혀 있다. 이를 교회에 대입하면 교회를 다스리고, 권력을 얻고 유지하며 행사하는 활동으로, 성도들이 인간답게 살도록 돕고 서로 상호 이해를 조정하며, 교회 질서를 바로잡는 일이 된다. 하지만 해석하기 나름이라는 생각에 한숨이 절로 나온다. 권력을 얻고 유지하는 일에는 열심이지만, 정작 인간답게 사는 삶과 서로 이해를 조정하는 일에는 관심이 없는 것처럼 보인다.

그래서 정치하는 사람들을 정치가가 아닌 정치꾼이라 부르는 것 아닐까 싶다. 교회의 목사도 마찬가지다. 선한 목자라기보다 삯꾼이라는 말이 먼저 떠오른다.

정치는 국민을 위해, 교회는 성도를 위해 존재해야 한다. 단순한 이 생각 하나를 지키느냐, 잃느냐에 따라 하늘과 땅만큼의 차이를 만든다. 지금 우리가 보고 있는 모습이 정치인지, 신앙인지 아니면 단순한 권력 싸움인지 묻지 않을 수 없다.

양심은 내 편이 아니다

　우리가 먹고 자고 배변 활동을 한다는 것만으로 사람이 살아간다고 말하지는 않는다. 사람답게 살아간다는 것은 서로 어울리고 관계를 맺으며 살아갈 때 비로소 의미를 가진다. 우리가 보고 있는 자연은 극히 일부에 불과하지만, 그 일부 속에서도 신비로움을 느낀다. 그 일부를 넘어 신비로움과 함께 장엄함이 밀려오는 광경을 매체를 통해 또 하나의 일부를 접하곤 한다. 각양각색의 자태에 우리는 자연의 신비라 그 이상의 다른 표현을 하지 못할 정도로 아름다움에 매료되기도 한다. 눈에 보이지 않는 자연은 사람으로서 상상도 못 할 만큼 광대하고 위대하겠지만 우리 사람에게도 그에 못지않은 경이로움이 있음을 알게 된다. 그것은 바로 양심이다.

　양심이 있기에 사람이라 불리고 사람답게 살아가는 것임을 알았다. 대자연이 각자의 위치에서 조화를 이루듯 사람 또한 양심을 통해 사람과 자연 속에서 조화를 이루며 살아간다.

우리는 어울리고 깨지며, 부서지고 다듬어지면서 인생을 살아간다. 인생의 여러 모양과 여러 색깔이 모여 조화를 이루려 함에는 많은 시간이 필요하다. 뚝딱 하루 만에 끝나는 인생이 아니라 태어나서 죽을 때까지 이어지는 긴 여정이다. 살아가는 삶의 길에는 수많은 고뇌의 벽이 수십 번 우리 앞을 막아설 것이다.

인생은 살았다가 아니라 살아가는 진행형이다. 마지막에 '살았다.' 마침표를 찍는 이는 내가 아니라 타인의 몫이다. 좋든, 싫든, 흉이든, 덕담이든 사람들은 저마다의 방식대로 평가할 것이다. 그 평가에 있어서 좋은 사람으로 기억된다고 그리 좋아할 것도, 좋지 않은 사람으로 기억된다고 실망할 것도 없다. 결국 죽음 이후에 나를 평가할 자는 바로 나, 내 양심이다. 육신을 입고 살아온 나의 생애에 마침표는 타인이 찍겠지만, 내 삶 전체의 마지막 문장은 양심이 찍는다. 타인은 속일 수 있어도 양심은 속이지 못한다. 그 양심은 결코 내 편이 아니며 숨기고 싶다고 숨겨지는 것도 아니다. 낱낱이 한 점도 남김없이 드러낼 것이다.

처음 교회에 들어서면서 가졌던 착하게, 욕심부리지 않고,

다른 사람에게 도움이 되며 만족을 알고 감사할 줄 아는 예쁜 삶을 살거라 생각했던 그 마음은 오롯이 내 개인의 생각이며 바람이었을 뿐 이 교회가 그렇게 해줄 수 있는 것은 아니었다. 나와 같은 마음을 가진 이들이 많이 모여 있는 곳이라 믿었기에 서로가 그런 마음으로 살다 보면 내 모습이 예쁜 모습으로 변할 거라는 마음이 앞섰다. 사실 그 영향을 받으며 그렇게 살고 싶었다. 하지만 그것이 꼭 교회라는 공간에서만 이루어질 거라 생각한 내가 어리석었다. 사람이 살아가는 어느 곳에서든 가능한 일이었으며 또한 사람 살아가는 어느 곳에서든 불가능한 일이기도 했다. 결국 문제는 장소가 아니라, 내 양심을 어느 편에 두며 살아가느냐에 달려 있었음을 이제야 알게 되었다.

곁에 있는 이들에게 감사하며 살자. 내가 지금 양심을 저버리지 않고 살아가고 있다는 것은 함께 생활하고 있는 많은 사람들의 도움이 있기에 가능한 일이다. 다시 한번 다짐해 본다. 양심에 부끄럽지 않은 삶을 살도록 노력하며 살아가겠노라고.

자리만큼 책임도

 올바른 질서는 혼란을 막지만, 삐뚤어진 질서는 혼란을 불러온다. 질서의 중요함은 '혼란 없이, 순조롭게, 이루어지게 하는 것'에 있다. 교회에서나 정치인들이 질서라고 말할 때 느껴지는 공통점이 있다. 자기합리화를 위해 사용하고 있는 모습이다.

 자기만의 세상에서 벗어나지 못한 질서는 무척이나 위험하다. 잘못을 깨닫지 못하는 무지 속에 갇힌 자의 질서는 혼란을 불러온다. 평강이 아니라 혼돈일 뿐이다. 구정물에서 깨끗한 물을 얻을 수 없듯, 왜곡된 질서는 결국 더 큰 혼란과 불안을 낳을 뿐이다. 정당화의 도구로 쓰이는 이들의 질서에는 규칙적인 관계 유지도 없다. 자신들의 입맛대로 골라잡는 것이 어떻게 질서라는 규칙이 성립될 수 있으랴. 결코 그럴 수 없다. 그러니 속지 말아야 한다. 오랜 시간 묻혀 살아온 생활에 좌우를 분별하지 못하는 어린아이가 되어 버린 나를 다시 한번 돌아본다.

"모든 일을 품위 있게 하고 질서 있게 하라"(고전14:40)
 질서가 있는 곳에는 혼란이 없다. 평화롭다. 소망이 있다. 반대로 질서가 없는 곳에는 혼란스럽고 빛이 있다고 해도 어둡고 불안하고 품위가 없다. 소망이 없다는 것, 평화롭지 않다는 사실, 정함이 없는 불안은 질서를 유지할 수 없는 조건들임에도 그곳에 질서라는 말로 줄을 세운다. 질서를 지탱하는 본바탕이 사라진 곳에서는 아무리 질서를 강조해도 그 힘을 발휘하지 못한다. 되레 권위적 질서로 옳고 그름이 결정되는 잘못만 낳을 뿐이다. 직위가 높다는 이유 하나만으로 좌우 분별하지 않고 '예'만 하는 비굴한 모습만 남았다. 겉으로는 질서가 있는 듯 보이지만 실제로는 올바른 가치와 원칙이 무너진 허약한 질서일 뿐이다. 질서는 사람을 억누르는 힘이 아니라 함께 살아가게 하는 힘이 되어야 한다.
 직위 순으로 질서를 논하는 그들에게 책임감은 있는지 묻고 싶다. 직분을 가지고 질서의 중심에 서고는 싶어도 책임은 지지 않는 우스꽝스러운 현상이 벌어진다. 우리가 집을 짓는다 하자. 혼란 없이 순조롭게 이루어지려면 일의 순서를 정해야 한다. 집을 짓는 데 가장 먼저 필요한 것은 튼튼한 기초다.

기초 없이 지붕부터 올린다면 무너질 수밖에 없다. 마찬가지로 책임과 원칙이라는 기반이 없는 질서는 직위만 앞세운 껍데기에 불과하다.

진정한 질서는 나이, 직위와 상관없이 옳고 그름을 분별하는 데서 시작된다. 누구에게든 배우고 조언을 들을 수 있다는 것을 인정해야 한다. 직위가 높다 하여 그 말이 언제나 옳은 것도 아니다. 오히려 위에 앉아 있으므로 가려짐이 더 많을 수 있다. 자신의 감투에 눈이 멀고 주변 사람들의 아부에 눈이 멀고, 자신이 가지고 있는 지식에 갇혀 다른 이들의 조언은 안중에도 없다. 직위는 높아도 책임이 없다면 그 자리는 허울뿐이다. 자리만큼 책임을 질 줄 아는 사람이 위에 있어야 비로소 질서가 바로 선다. 또 한 가지 염려되는 부분은 이런 환경 속에 오래 머물다 보니 사람들이 그 익숙함을 편안함으로 착각하고 있다는 것이다. 그러나 익숙함이 진리를 보장하지는 않는다. 책임과 원칙 위에 세워진 질서만이 우리를 살리고, 공동체를 바로 세운다. 교회든, 국가든 책임을 질 줄 아는 사람이 많이 생겨나길 바라본다.

한 면이 있다는 건
다른 한 면이 존재한다는 것

  삶의 길은 누구도 장담하며 걸을 수 있는 길이 아닌가 보다. 마음이 시끄럽고 앞이 보이지 않는 어두운 터널 속에서도 빛은 드리우고 사랑의 싹은 피어나고 있었다. 사무실을 그만 두기 전부터 딸아이와 조용히 교제하는 형제가 있었다. 그러나 교회 특성상 관심이 있다고 자유롭게 만나거나 결혼할 수 있는 환경이 아니었다. 지금 돌아보면 참 우스운 일이지만 당시에는 목사의 허락(?)이 있어야 연애도, 결혼도 수월하게 이어갈 수 있는 보이지 않는 이상한 교칙 같은 것이 존재했다.

  사위가 될 형제는 타지에서 신앙생활을 하다 군 복무로 2년 정도 이 지역에서 지내게 되었다. 교회에 처음 인사할 때부터 관심의 중심에 있던 청년이었다. 시집갈 나이가 된 딸들을 둔 엄마들의 눈에는 더없이 좋은 사윗감으로 보였고 작은 교회에서 청년 한 사람은 매우 귀했다. 더구나 시골 교회는 청년이 없다 보니 더욱 그렇다. 귀함과 기대를 한 몸에 받던 그 청년이 우리 딸아이와의 교제를 원했다. 하지만 앞서 말했듯이 이곳에는 교칙이 있었다. 어려운 절차는 아니지만 왠지 순탄치 않을 것 같은 예감은 적중했고 그 분위기는 결혼식 이후까지 이어졌다.

아이들의 만남과 결혼을 준비하는 동안 나는 살아온 날보다 더 많은 사람의 마음을 한 번에 마주할 수 있었다. 기쁠 때 함께 웃어주고 아플 때 함께 아파하는 사람이 진정한 벗이 될 수 있다는 말이 떠올랐다. 아이들의 결혼 시점으로 지난 23년 동안 맺어온 나의 인간관계가 한 번에 정리되는 순간이었다고 해도 과언이 아니다. 처음은 신앙 때문에 맺어진 인연이었지만 지나온 시간 속에는 신앙만이 아닌 따뜻한 사람의 정과 신뢰가 두텁게 자리 잡고 있을 거라 믿었는데 전혀 그렇지 않았다. 그들에겐 신앙만이 전부였다. 신앙관이 자신들과 맞으면 관계가 이어지지만 그렇지 않으면 그동안의 시간은 아무 의미 없는 것처럼 매몰차게 끊어내고 만다.

사람은 저마다 다르다. 모든 것을 같게 만들려는 것은 욕심일 뿐이다. 그 안에 숨은 의도가 아니라면 사람의 생각마저 좌지우지하려는 것은 잘못된 것이다. 충분히 다를 수 있고 달라야 한다. 그것이 각각의 인격체가 있다는 증거다. 그런데 생각이 다르다는 이유로 함께 지내온 성도를 교회 안에서 고발하는 상황까지 벌어졌다. 같은 동화책을 읽는다고 똑같은 교훈을 얻을 수 없듯 같은 성경을 읽는다고 해서 똑같은 신앙관을 가질 수는 없다. 같아야 한다면 수학 공식처럼 정해진 값이 있어야 한다는 결론이다. 마치 컴퓨터에 입력된 값처럼 주입된 결과를 내놓는 과연 그걸 원했던 것인가? 지금 와서 보니 입력된 상태에서 생활했던 것 같다. 조금은 다른 내 깨달음과 생각을 말했을 뿐인데 단번에 일이 터진 것이다. 생각 없이 누군가가 주입한 사상만을 반복하는 건 진정한 신앙이 아니다. 자기 삶으로 빚어낸 신앙이어야 진정한 신앙이다.

서로의 의견이 다르면 다름을 인정하면 된다. 조율이 필요하면 상식선에서 조율하면 된다. 신앙만큼은 예외라고 말하지 마라. 예수님은 인간답게 살기 위해 투쟁하셨고 상식을 중시했던 분이다. 신앙이 인간다움보다 앞설 수는 없다. 오히려 인간다움을 위해 신앙이 필요했던 것 아니었는지. 그 순서를 우리는 생각해 봐야 한다. 신앙을 위해 사람이 존재하는지, 사람을 위해 신앙이 존재하는지 말이다.

이곳에서 맺어온 모든 인연 속에서 나는 신앙 외에 다른 것이 없다는 걸 확인한 시간이 되었다. 정도, 추억도 단칼에 잘라내며 오직 신앙만 붙잡으려는 모습 속에서 우리의 인연은 끝이 날 수밖에 없음을 알았다. 신앙과 인간다움은 동전의 양면과 같다. 어느 한쪽만 고집하면 결국 아무것도 잡지 못한다. 두 면을 함께 인정할 때 비로소 온전한 삶과 신앙을 붙잡을 수 있다.

약속은 지키는 것

쉬는 날 한가로이 시골길을 달리고자 버스에 올라탔다. 먼지 풀풀 날리던 비포장도로가 지금은 몇 가구 되지 않는 산골 마을까지 포장이 되어있다. 덜컹거리며 달리던 버스도 이제는 제법 신사답게 달린다. 엉덩이 들썩거림은 없지만 술 취한 듯 이리저리 흔들거림은 여전하다. 젊은 사람들은 도시로 나가고 시골에는 할아버지, 할머니가 대부분이다. 드물게 젊은 부부가 살아도 그들은 자가용으로 시내를 오갈 뿐 버스 탈 일은 거의 없다. 그래서인지 시내버스를 할머니, 할아버지의 자가용이라 불린다. 운전기사를 두고 큰 차를 굴리는 어르신들이 부자라면서 말이다.

이런 곳에도 사람이 사는구나 싶을 만큼 깊고 깊은 산중까지 달리는 버스가 힘겹다. 버스에 몸을 실은 어르신들은 두런두런 이야기를 나누며 산 중턱을 편안하게 넘어간다. 산을 오를수록 내 귀는 먹먹함을 느끼는데 그분들은 아랑곳하지 않고 아무개 양반네 이야기에 흥미롭다. 도로 양옆으로 늘어선 나무와 바위, 깊은 골짜기는 내 눈을 심심찮게 한다. 창문을 통해 비추는 햇살은 따뜻했고 맑은 공기는 코끝을 지나 가슴까지 시원하게 했다.

산길에서 얌체 운전자를 만났다. 구불구불한 길에서는 마주 오는 차가 쉽게 보이지 않는다. 그래서 조심 또 조심하며 약속된 중앙선을 지키며 다녀야 하는 길이다. 그 선 하나를 지키지 않으면 많은 이들에게 큰 불행이 닥칠 수 있다. 상식 없는 운전기사들은 산중이라 다니는 차가 드물다고 생각하는지 중앙선을 넘어 꼬부랑길을 내리 달린다. 운전사는 브레이크를 최대한 부드럽게 잡았다고 했음에도 버스의 덜컥거림은 막을 수 없다. 흔들리는 버스에 놀란 어르신들은 하던 이야기를 멈추고 서로의 눈치를 살핀다.

"뭔 일이래, 어"

"아이 저놈의 새끼 왜 운전을 저렇게 하는겨? 이런 꼬부랑 길에서"

차창 밖으로 꼬리 빼고 달리는 차를 향해 할머니께서 한 소리 하신다.

순식간에 버스 안은 침묵과 웅성거림이 짧은 시간 오갔다.

백미러로 승객들의 안전을 살피며 "모두 괜찮으시죠?" 살뜰하게 챙기시는 기사님이 고마웠다. 평온을 찾은 버스 안은 아무 일 없었다는 듯 아무개 양반네 이야기는 계속 이어진다. 베테랑 손길 아래 버스는 무사히 고갯길을 넘어간다.

뒷자리에 앉아 조용히 산새를 바라보며 자연을 한껏 즐기던 나도 순간 놀란 가슴을 쓸어내린다. 라디오에서 흘러나오는 노래는 어느새 막바지에 이르고 내 기분도 한풀 꺾여 내린다. 백미러에 비치는 기사님을 내가 살피고 있다. 얼마나 놀라셨을까. 태연해 보이지만 한순간 수많은 생각이 스쳤을 일이다. 그럼에도 여전히 달리고 있다는 사실에 감사했을 것이다. 운전기사님만큼이나 나 역시도 감사하고 있었다. "다행이다." 긴장되는 순간에도 아랑곳하지 않고 햇살은 따뜻하기만 하다.

할머니, 할아버지를 태운 시골 버스 기사님은 신경이 두 배로 더 곤두설 수밖에 없다. 중심 잡기도 힘들어하시는 어르신들이라 급브레이크나 갑작스러운 핸들 조작은 큰 사고로 이어지기 때문이다. 그래서 버스 운전사는 백미러로 승객들의 안전을 자주 살핀다. 혹여 서 있는 사람이나 자리 이동, 미리 내릴 준비를 하는 사람은 없는지 등 살펴야 할 것이 많다. 백미러를 수시로 살펴야 하는 그분의 이런 사정을 모르고 오해하는 사람이 있단다. 자신을 본다는 이유로 항의하는 손님이 있다는 이야기를 들은 적이 있다. 어쩌면 좋을까. 헛웃음만 나온다.

세상은 수많은 약속 위에 세워져 있다. 그 약속이 지켜지고 있기에 오늘도 평안한 하루가 나에게 허락된 것이다. 도로 위 중앙선은 너와 나의 생명선이다. 일일이 손가락 걸고 약속한 것은 아니지만 우리는 알고 있다. 빨간 불일 때 건너지 마시오. 파란불일 때 건너시오. 차들은 오른쪽 길, 사람은 왼쪽 길 이 모든 것이 서로 간의 약속이다. 이 약속이 깨지면 그 결과는 말할 수 없는 끔찍함을 불러온다. 약속은 지켜도 되고 안 지켜도 되는 선택이 아니라 의무이며 꼭 지켜야 하는 법이다. 어쩌면 우리의 행복은 약속에서 시작되고 있는지 모르겠다. 작은 것을 지킬 때, 큰 것을 지킬 수 있다는 작은 깨달음이 내 온 마음을 채운다.

참음의 다른 이름

 공동체를 이루는 데는 단순한 약속만으로는 부족하다. 배려가 함께 해야 한다. 아파트라는 공동체에서 살다 보면 이웃 간 소음 문제로 갈등이 빚어지는 경우를 종종 본다. 심지어 애 울음 때문에 견딜 수 없다며 협박하는 뉴스를 본 적이 있다. 그만큼 사람들이 점점 이기적으로 변해가고 있다는 것을 체감하며 살아간다.
 이는 약속의 문제가 아니라 배려의 문제다. 서로를 이해하지 못한다면 너, 나 할 것 없이 공동체 생활은 어렵다. 아이에게 울음은 단순한 소리가 아니라 삶을 이어가기 위한 의사소통이다. 그런 울음을 시끄럽다는 이유로 협박한다면, 우리 사회는 고요 속에 갇혀 어둠으로 흘러갈 것이다. 물론 아이의 울음이 극도의 신경을 건드렸을 것이다. 그러나 협박이 아닌 조금만 신경 써 주십사 부탁하고, 그것도 안 될 시에는 배려함으로 이해해야 할 일이었다. 이것이 공동생활의 미덕이라 생각한다.

공동생활에는 약속과 배려가 있기에 평화로울 수 있다. 그리고 그 안에는 반드시 참음도 함께한다는 사실을 살아갈수록 깊게 깨닫게 된다. 참음은 인간의 성품 중에서 가장 중요한 요소 중 하나이다. 현대 사회에서 더욱 두드러지게 필요성을 느끼는 덕목이기도 하다. 참음을 잃어버린 사회는 어둡고 혼란스럽다.

앞서 언급한 애 울음으로 인한 뉴스는 슬픈 일이다. 이성적으로 판단할 수 있는 어른이 참을 수 없다면 답이 없다. 아무것도 모르는 아이에게 참으라고 말할 수는 없지 않은가. 참을 수 있는 어른이 참지 못하고 선을 넘는다면 결국 후회만 남는다. 어른이라면 후회보다는 참음을 보여주는 계기가 되어주길 바라본다. 참음은 약속과 배려를 더 아름답게 만드는 따뜻한 사랑의 다른 이름인 것 같다.

그리움을 찾아서

어제부터 내린 비가 오늘까지 이어지고 있다. 지금 나는 빗줄기를 벗 삼아 추억이 깃든 장소를 향해 고속도로를 달린다. 나를 움직이는 힘은 다름 아닌 그리움이다. 보고픔은 행복이자 가슴 한편의 눈물이기도 하다. 행복한 사람들과 함께했던 그곳을 찾아가는 것은 그날의 웃음과 온기를 다시 느끼고 발자취를 되짚어보고 싶어서이다. 또 다시라는 시간을 가질 수 있다는 사실만으로도 가슴이 벅차다. 살아가는 동안 그리움 속에 더 많은 행복을 모아두고 싶다. 그러나 세월은 무심하게도 그리움 속에 서운함과 아픔 그리고 눈물까지 함께 담아 두었다. 한 장 한 장 넘겨보는 추억의 책장은 울고 웃기를 반복한다.

혼자서는 찾아갈 수 없는 곳이기에 주말에 함께 가자고 아들에게 부탁했다. 출발할 때는 그리 많은 비가 내리지 않았는데 고속도로를 들어서 한 20분 달렸을까. 장대 같은 비가 쏟아지기 시작했다. 와이퍼가 쉼 없이 유리창에 내리는 비를 양옆으로 밀어내 보지만 시야를 맑게 확보하기란 역부족이었다. 누군가 차 위에 올라서서 양동이로 물을 쏟아붓는 듯했다. 달리는 차는 고속도로 규정 속도와는 거리가 멀었다. 오히려 민식이법이 적용된 학교 앞 도로를 지나듯 느린 거북이가 되었다. 앞만 주시하고 가야 하는 아들의 모습에 미안한 마음이 스쳤다. 긴장한 채 운전대를 꼭 잡은 아들, 그 옆에서 침묵을 지켜야 하는 나. 그 시간 조용히 기도했다. 무사히 도착하길.

긴 시간 빗속을 달려온 것 같은데 폭포수처럼 쏟아진 시간은 고작 십여 분 정도였다. 빗줄기가 조금씩 잦아들면서 우리들의 긴장된 근육도 서서히 풀리고 꾹 다문 입술도 열렸다. 시야가 트이면서 양옆으로 펼쳐진 황금벌판이 눈에 들어왔다. 황금물결 넘실대는 아름다운 풍경이 아닌 거센 빗줄기에 시달리다 결국 무너져 버린 힘겨운 몸살의 흔적이 고스란히 남아 있다. 농사일을 하셨던 부모님이 생각난다. 철 따라 변하는 들판이 허투루 보이지 않는다. 벼가 누렇게 익어갈 무렵이면 어김없이 두세 차례 찾아오는 태풍은 달갑지 않은 손님이다. 태풍이 찾아오면 일거리는 배로 늘었고 부모님의 한숨도 덩달아 깊어만 간다. 가을걷이할 무렵 태풍은 농부들에게 전쟁과 같은 불안한 존재였다.

물에 잠긴 벼 이삭은 때를 놓치면 싹이 나서 추수할 수 없게 된다. 그래서 농부들은 벼가 쓰러진 논을 다니며 누렇게 익은 벼 이삭에 간절함과 절실함을 함께 묶어 놓는다. 또 다른 태풍이 오지 않기를 바라면서…. 허리춤에 묶어 둔 지푸라기가 없어지기 전에는 논 밖으로 나오지도 않는다. 허리 펼 시간 줄여 가며 한 포기라도 더 묶어 세우려고 온 힘을 다한다. 허리가 꼿꼿이 펴지지 않는 만큼 벼 이삭은 꼿꼿이 세워진다. 쓰러진 벼 이삭을 세우는 데도 요령이 있다. 두세 포기를 잡아 묶으면 금세 쓰러진다. X자 모양으로 벼 포기를 여섯 포기 정도 잡아야 안정감 있게 서 있는다. 묶인 이삭 또한 햇빛을 잘 받도록 신경도 써야 한다. 농사라는 것이 어린아이처럼 꼼꼼하게 챙겨야 할 부분이 많다. 새삼 부모님의 구부정한 허리를 힘겹게 펴시는 모습이 떠올라 눈시울이 뜨거워진다.

달리고 달려 드디어 그리움의 장소에 도착했다. 비도 내려 한적할 거라 생각했건만, 넓은 주차장은 만차였다. 주차할 곳을 찾아 두 바퀴를 도는 사이에 빠져나간 차가 있어 겨우 주차할 수 있었다. 카페 안은 어르신부터 어린아이까지 북적였다.

아들과 나는 누가 먼저라 할 것 없이 가족과 함께한 그 자리가 있을까 살폈다. 주문하기 전에 자리부터 확인하려고 2층으로 뛰어 올라갔다. 그 자리는 할아버지 할머니와 함께 한 가족이 도란도란 아이의 재롱을 보며 여유로운 시간을 보내고 있다. 전에 우리와 같은 상황이 그려지고 있었다. 다만, 그 자리 주인공만 바뀌었을 뿐. 나는 손주와 함께했던 그 동선을 그대로 느끼고 싶어 그 옆에 자리를 잡았다. 표정, 몸짓까지 그려내기에는 그 자리가 딱 좋았다.

　가방으로 자리를 잡아놓고 음료와 빵을 사러 1층으로 내려갔다. 많은 사람들의 웃음소리가 가득했다. 네다섯 살 아이들은 소리를 지르며 소파 하나를 차지하고 뒹굴며 놀고 있었다. 나름 기분 좋은 감정을 드러내고 있는 거겠지 싶으면서도 그리 좋은 이미지는 아니었다. 조금만 배려해 준다면 서로에게 좋았을 텐데 하는 생각만 할 뿐 커피를 시키고 빵을 골라 2층으로 다시 올라왔다. 손주가 멈춰 섰던 그 자리가 눈에 선하다. 걸음마를 막 시작했던 손주가 엄마와 단둘이 있는 시간이 많아서인지 사람이 많은 곳에서는 유난히 겁을 냈던 아이. 화분 옆에 세워 놓고 오라 손을 벌려 기다렸건만 아이는 한 발짝도 움직이지 않는다. 기다림에 지친 내가 아이를 안고 돌아온 기억이 또렷하다. 지금 나는 그 자리를 바라보며 추억을 마신다. 달콤한 향기가 코끝을 스치고 입가에 번지는 미소와 함께 지나간 시간까지 다시 끌어와 마신다.

어느새 비가 멈췄다. 창문 너머 저 산마루에 피어오르는 운무가 제법 운치 있다. 그 위로 먹구름은 여전히 비 내릴 준비를 하고 있다. 카페에 오면 시대가 많이 변했음을 더 실감하게 된다. 몇 년 전만 해도 시골에서는 흔치 않았던 풍경들이 꽤 자연스러운 모습으로 자리 잡았다. 연세 지긋하신 분들이 자녀들과 함께 방문하는 모습. 아줌마들끼리 대여섯 명 모여 수다를 떠는 모습. 중년 남성들만의 어두운 옷차림에 모락모락 피어오르는 찻잔을 앞에 두고 두런두런 이야기하는 모습. 60대 중반의 부부가 단둘이 익어가는 이야기를 나누는 모습. 또 엄마와 아들, 딸과 엄마가 함께 하는 모습. 때론 흰머리를 하나로 묶고 청치마를 입은 고운 할머니가 홀로 들어와 따뜻한 티 한 잔을 마시고 나가는 모습까지 다양한 풍경이 공존한다. 나름대로 살아갈 숨구멍들은 터놓고 인생을 즐겁게 살아가고 있었다. 왠지 나만 조금 뒤처진 삶을 살아가고 있는 듯 쓸쓸한 생각이 나를 붙잡고 있다.

난 아들과 단둘이 카페를 찾은 것은 이번이 처음이다. 아들은 자주 가자고 손 내밀었지만 내가 갈 수 없었다. 남편이 신청

했을 때도 마찬가지였다. 내겐 가족 모두가 모였을 때만 카페에 간다는 그 무엇이 있었다. 그래서 가족 중 누구 하나라도 빠지면 카페에는 잘 가지 않았다. 사실 내 마음 깊은 곳에는 여유롭게 확 트인 경치 좋은 곳에서 차 한 잔을 즐기고 싶은 바람은 늘 있다. 그러나 나는 그 마음을 애써 감추고 별것 아닌 듯 이리저리 핑계 대기 바빴다. 차 한 잔 값이면 한 끼 식사하는 것이 좋다고 생각했기 때문이다. 단숨에 마셔버릴 물 같은 음료에 칠팔천 원 내는 것이 나로서는 생각해야 할 만큼 무게로 다가왔다. 집에서도 충분히 핸드드립커피를 즐길 수 있다. 거실에 빵빵하게 준비된 네 개의 스피커, 음악은 유튜브를 통해 듣고 싶은 곡을 골라 들을 수 있는 자유로움도 있다. 그런데 꼭 비싼 값을 치러야 맛인 듯 차를 타고 지역을 벗어난다.

 내가 알던 지인이 했던 말이 떠오른다. 자식들이 와서 하루 식사하고 가면 오십만 원이 그냥 나간다고. 밥은 삼천 원짜리 먹고 커피는 오천 원짜리 먹다 보니 그렇단다. 그만큼 차 한 잔의 값어치가 얼마나 비싼지 말하고 싶었던 것이다. 그리고 요즘 분위기가 밥 먹고 카페에 가는 것이 순서처럼 굳어져 현실에 발맞춰 따라가려니 벅차단다. 한 달 생활비를 하루 두 끼에 쏟아붓고 온 그분의 말씀엔 좋음보다는 힘겨워 보였다. 자식들 앞에서 궁색하게 보이기 싫어 남들처럼 하려다 보니 어쩔 수 없더라고. 그러면서 스스로 위로하는 말 "이러려고 일하는 것 아니겠어?" 하지만 그 말끝에는 좋아 보이는 기쁨 대신 씁쓸한 여운이 남긴 옅은 한숨이 따라왔다. 자식이 돈을 벌어도 쉽게 얻어먹을 수 없는 게 또한 부모 입장이다 보니 참 부모 노릇 하기란 쉽지 않다는 말이 맞다.

 이번 추석 장을 보는데 과일을 사야 할지 고민되는 가격이다. 개당 몇천 원씩 하는 물가에 시장 보러 나온 이들의 한숨 소리가 끊이질 않는다. 평소 퇴근길에도 저녁거리를 사려고 하면 그 나물에 그 밥인데도 물가가 비싸니 선뜻 손이 가지 않는다. 그러니 카페 문턱을 넘는 일은 나에게 더 어려운 일이다. 어쩌면 카페에서 잠시 누리는 여유와, 저녁 반찬 하나를 놓고 저울질하는 나는, 저녁 반찬 하나에 힘을 싣는 어쩔 수 없는 주부였다. 오래도록 몸에 밴 습관이기에 하루아침에 바뀌지 않음을 아이들은 안다. 그럼에도 아이들 마음에 답답할 때도 있겠지. 그러나 엄마의 입장도 아쉬움은 있다. 꽉 채워진 배부름을 안고 또 먹기 위해 찾아가는 카페. 조금 시간을 두고 간다면 좋으련만 흐름에 젖어 스며들 듯 따라가는 것 같아 씁쓸하다. 결국 삶의 무게를 짊어진 세대와 그 무게를 덜고 싶은 세대가 서로 다른 지점에 서 있다는 것을 느끼게 되는 시간이다. 절약

속에서 얻는 안도와 작은 사치 속에서 누리는 기쁨이 모두 삶을 지탱하는 힘이 된다는 것을 알기에 어느 한쪽이 옳다고 할 수는 없다. 우리는 그 안에서 조금씩 서로를 이해하는 존중을 남겨 두었다.

나는 이제 나에게 변화라는 선물을 주려 한다. 삶의 무게에서 조금은 벗어나 마음의 여유를 누리며, 새로운 추억을 쌓는 시간을 가지고자 한다. 고속도로를 달려 찾아온 이곳은 가족들과의 추억은 물론 깨끗하고 예쁜 화장실이 인상 깊었다. 그래서 많은 장소 중 이곳에서 변화의 시작을 하고 싶었다. 카페 구석진 곳에 거미가 줄을 타고 다녀도 그 또한 인테리어의 한 부분처럼 느껴졌다. 오늘은 전에 보지 못했던 좋은 글귀 하나를 보았다. '좋은 일은 햇살처럼 스미고 나쁜 일은 바람처럼 날아가길' 나의 간절한 마음을 이 글귀에 다 담아놓은 듯하다. 좋은 추억이 햇살처럼 마음에 스며들어 나를 이곳으로 불러낸 것 같다.

가족이란 남남이 만나 맺어진 인연이다. 함께 추억을 만들어가는 소중한 동행이다. 좋은 사람들과 가족이 되었다는 것은 큰 복이며 그들과 따뜻한 순간을 나누며 추억을 쌓아간다는 것은 더없는 행복이다. 따스한 햇살처럼 서로에게 스며들어 빛이 되는 추억. 오늘 나는 그리움을 찾아 또 하나의 행복을 담아간다. 내릴 듯 말 듯 망설이던 비가 다시 내리기 시작한다.

그대 남긴 숨결이
내 삶이 되어 찾아오다

숨의 속도나 높낮이를 통해 우리는 그 사람이 평온한지, 즐거운지, 긴박한지, 불안한지 느낄 수 있습니다. 구태여 떠올리려 하지 않아도 어느덧 당신의 숨결이 내 가슴에 파고들어 그때로 나를 이끌어 갑니다. 이미 지나가고 사라진 숨결인 줄 알았건만 순간순간 찾아오는 당신의 숨결은 나로 하여금 새로운 오늘을 맞이하게 합니다.

추억이든 미련이든 괘념치 않습니다. 기쁨일까, 슬픔일까 묻고 싶지도 않습니다. 아픔이었든 원망이었든 지나온 내 삶의 길에 여전히 당신의 숨결이 고스란히 남아 있습니다. 그때의 숨결과 지금의 숨결이 다름을 느낍니다. 애절함은 더 애절하고 행복은 더 달콤한 맛으로 다가옵니다. 서운함과 아픔은 어느새 옅은 미소 속으로 숨어들고 원망은 미안함으로 고개를 떨구어 눈물 한 방울로 속죄합니다. 속았다는 억울함은 내 어리석음을 반성하게 하고, 남은 인생 잘살아 보리라 다짐하게 합니다. 나는 당신의 숨결에 젖어 울고, 웃습니다.

　내 인생길에 함께 한 그대의 숨결은 앞으로도 간간이 내 삶에 찾아오겠지요. 때로는 웃음으로, 때로는 그리움으로 어느 날은 아픔이라는 향기로 다가올 테죠. 세월이 흐른 만큼 그리움이 덧입혀, 아직 가시지 않은 운치로 남아 있음에 감사합니다. 먼 훗날에도 내 기억이 맑아 그대의 숨결이 느껴질 때 내 숨결 또한 그대의 숨결 위에 하나의 추억으로 남아 끝내 서로의 삶을 따뜻하게 감싸길 바랍니다. 내 인생길에 함께 해준 모든 이들에게 고맙다고, 감사하다고 인사드립니다.

추억을 비추는 불빛

소나무 숲길 사이로 내리쬐는 햇살에 미소가 번진다. "아하 이쪽이 해 뜨는 동쪽이구나." 웃음 짓는 얼굴로 햇살을 마주 본다. 한쪽 눈은 자연스레 감기고 다른 눈은 게슴츠레 실눈을 뜨며 빛나는 햇살과 뜻밖의 눈싸움이 벌어졌다. 이기지 못할 싸움을 내가 먼저 시작했다. 그러고 싶었다. 얼굴에 따스함이 묻어나는 그 느낌이 좋아서. 눈 부신 햇살에 자꾸 감기는 눈을 떠 보려고 애쓰는 내가 재밌다. 손으로 가려도 손가락 사이로 스며드는 작은 빛줄기에 나는 완전 KO패 당했다. 쏟아지는 햇살을 한 장의 사진으로 담아놓고 싶어도 그 광경을 사진이 감당하질 못한다. 추운 겨울임에도 햇살은 장렬하게 비춰 내 얼굴을 포근히 감싸 어루만진다.

오가는 짧은 시간에 해가 숨었다. 햇살은 더 이상 드러나지 않는다. 햇살을 등에 업고 밝게 웃음 짓던 소나무가 빛을 잃었다. 하늘은 금세라도 눈을 뿌릴 듯 잔뜩 벼르고 있다. 스산한 바람은 추운 겨울을 상기시키기라도 하듯 매서움을 더한다. 나는 온몸을 움츠려 더 작은 키를 만들고 한 손에 보온병을 들고 나의 몸을 녹여 줄 따뜻한 물을 담기 위해 걷는다. 냉기가 감도는 보온병을 거머쥔 손끝이 시리다. 입에서 흘러나오는 옅은 입김은 얼굴을 스치며 곧바로 찬 기운으로 돌아선다. 겨울의 기운 앞에서 내 호흡마저 항복했다.

 따뜻한 물을 가득 담은 보온병은 여전히 손끝에 찬기를 전한다. 전투를 나가는 병사가 무기를 준비하듯 나 역시 행복한 하루를 위해 감사의 허리띠를 묶고 파이팅을 공기 중에 띄워 보낸다. 눈 앞에 펼쳐진 넓은 운동장, 색을 잃은 잔디가 몸을 움츠리며 땅으로 파고든다. 조금은 외딴곳, 작은 휴게실 창문에 은은하게 비치는 불빛은 내 마음을 따뜻하게 한다. 길을 잃어 헤매다 희망의 빛을 만난 듯 안도감이 밀려오고, 어린 날의 기억이 물씬 되살아난다. 오막살이 지붕 위로 피어오르는 굴뚝 연기와 함께 할아버지, 할머니가 떠오르는 그리움이다. 꽁꽁 언 손을 잡고 호호 불어주던 엄마의 따스한 손길이 느껴지는 행복이다. 차디찬 겨울 속에서 마주한 그 불빛은 차가움이 아닌 나의 추억이었다. 세상 모든 행복을 다 모은 듯한 평온함으로 나에게 다가왔다.

엄마의 앞치마가 생각난다. 젖은 손을 닦아 늘 축축하던 결, 양념이 굳어 딱딱해진 자국, 오래 입어 너덜해진 헝겊, 된장국 냄새가 밴 구수함. 앞치마 하나에 엄마의 삶이 고스란히 묻어 내게 왔다. 마음의 눈물이 마를 날 없는 애처로운 엄마의 인생은 축축했고 삶의 부대낌에 성한 데 없는 몸은 굳은살로 딱딱해지고, 어느 가닥에 마음 놓을까, 기댈 곳 하나 없는 날에도 누덕누덕 기워가며 인생 끄나풀을 다시 한번 동여맨다. 비바람 몰아치는 얄궂은 날에도 엄마는 구수한 된장국처럼 푸근함으로 오늘도 내 마음에 찾아왔다. 외딴 나무 아래 덩그러니 홀로 비치는 불빛은 추억을 밝히며 내 마음을 따스히 감싸준다.

늙어가는 길목에서

일요일 아침, 침대에 등을 대고 뒹구는 여유로움을 포기하고 일어났다. 쉽게 잠들지 못한 탓에 좀 더 자보려고 하지만 머릿속은 이미 잠들 수 없음을 예고한다. 뻐근하게 아파오는 허리에 더 이상 욕심을 낼 수가 없다. 가글을 하고 따뜻한 물 한 잔으로 남은 잠을 떨쳐낸다. 야채주스를 내놓고 무심코 바라본 전자시계. 한밤중에도 거실을 은은하게 비추는 전자시계가 출근 시간에 가까운 7시 25분을 밝히고 있다. 그러나 오늘은 출근하지 않아도 되는 일요일. 비록 꿀맛의 잠은 맛볼 수 없지만 마음만은 여유로워 그것에 만족한다. 노트북을 식탁에 펼치고 자리를 잡았다. 눈앞에 남편이 잠자고 빠져나간 흔적이 고스란히 남아 있다. 뒤엉킨 이부자리, 소파 사이에 끼어있는 배게, 그리고 어젯밤에 열일하던 리모컨이 홀로 자리를 지키고 있다. 거실 창문을 통해 들어오는 겨울 햇살이 따뜻하게 느껴진다. 환기를 시키려고 베란다로 나갔다. 순간 놀람과 동시에 맨발을 타고 올라온 찬기는 뜨거웠던 내 혈관을 한 바퀴 휙 돌아 온몸을 찬기로 휘감는다. 아파트의 이중 창문과 난로 덕분에 방안은 온화했기에 추운 겨울을 잠시 잊고 있었다. 아파트에 살다 보면 가끔 계절을 잊곤 한다. 생활 공간이 따뜻하다 보니 밖에도 그리 춥지 않을 거라는 생각에 옷을 가볍게 입고 나갔다가 낭패를 보는 일이 한두 번이 아니다. 여름에도 시원한 에어컨 바람에 신선놀음하다 밖을 나가면 숨이 턱 막히는 경험을 하고 돌아오곤 한다. 참으로 좋은 세상에 살고 있구나 싶으면서도 계절을 잊고 사는 몸에게 조금은 미안함이 찾아온다. 좋음과 아쉬움이 뒤섞인 시간이다.

저녁 식사를 마치고 설거지를 한다. 그 사이 남편은 소파에 누워 잠깐의 단잠을 잔다. 내 손은 여전히 쉴 틈 없이 분주하다. 잠잘 준비까지 다 끝내고 거실에 들어서면 남편은 언제 잠을 잤냐는 듯 자연스레 리모컨을 잡고 TV를 켠다. 마치 TV가 우리들의 하루 마무리 단계처럼 말이다. 재미있게 보는 드라마 아니면 우리 부부는 TV를 켜놓고 하루 동안 있었던 일을 내놓는다. 상사의 무심한 말에 기분 상했던 일, 점심 반찬이 너무 맛있어서 집에서 만들어 봐야겠다는 것과, 아찔했던 순간의 운전, 직원의 실수로 일이 길어진 일, 사회생활에서 눈치가 꼭 필요하다는 것까지 사소한 일들을 풀어놓으면서 마음속에 쌓인 스트레스의 독소를 흘려보낸다. 이런저런 많은 일들이 있었음에도 무사히 하루를 마치고 돌아온 오늘에 우리는 감사한다.

요즘 나는 잠자는 것이 무척 힘들고 심지어 주변 사람들까지 피곤하게 할 정도로 까다로워졌다. 예민해서 잠을 못 잔 것인지 잠을 못 자서 예민한 건지 모르겠다. 잠을 잘라치면 무엇이 그리도 요구조건이 많아졌는지 사방이 불빛 없이 어두워야 한다. 문틈으로 들어오는 불빛도 신경 쓰여 거실에 불까지 꺼주길 바란다. TV 소리도 최대한 작게 조절해 주기를 부탁한다. 일 년 전만 해도 잠드는 것에 이 정도로 까다롭지 않았는데 지금은 이 모든 조건이 만들어져도 잠을 쉽게 이루지 못한다.

아버지가 생각난다. 초저녁에 잠깐 눈을 붙이고 일어난 아버지는 밤새 잠을 제대로 주무시지 못했다고 말씀하시곤 했다. 어떻게 하면 잠이 안 올까 하여 나름 실험을 해 봤었다. 엄마가 눈이 침침해서 바늘과 실을 나에게 주며 꿰어달라 할 때처럼 말이다. 최대한 눈을 작게 뜨면 안보일까? 어린 나는 실눈을 뜨고 실을 꿰어 보았다. 두 눈을 크게 뜰 때와 별반 차이가 없었다. 잠 못 잤다는 아버지 말씀을 듣고 잠자리에 누워 이 생각 저 생각을 하며 잠을 자지 않으려 무던 애를 써 보았지만 눈 뜨니 어느새 아침이다. 눈이 침침하다는 것도 잠이 안 온다는 것도 나는 알 수 없었다. 마음에 의문을 남긴 채 시간은 흘렀고 나는 이제야 그 답을 찾았다. 늙어가는 길목에 들어서기 전에는 모를 수밖에 없는 일이었다.

한 살 한 살 나이 들어가는 줄 모르고 살았는데 오십이 넘은 지금은 한 살 한 살이 힘겹다. 탄력 없는 얼굴을 보는 것도 힘들다. 누렇게 들뜬 얼굴은 누구에게도 보이고 싶지 않을 만큼 신경이 쓰인다. 처진 볼살 틈새에 자리 잡은 팔자주름은 가장 큰 고민이다. 팔다리 뼈마디는 어느새 노화가 찾아와 생활에 아프다, 아프다는 말을 내게 한다. 엄마, 아버지도 이 세월을 보냈을 텐데 그땐 몰랐다. 힘들고 외로웠을 거라는 것을. 나도 엄마, 아버지가 걷는 그 길을 지금 걷고 있다. 홀로 힘듦과 외로움까지 껴안으며 인생의 중간지점을 넘어가고 있다. 그런 내가 엄마, 아버지와는 조금은 다르게 걸어가고 싶다는 욕심이 생긴다. 조금은 더 즐겁게, 덜 외롭게, 더 활기차게, 더 많이 웃으며 그리고 조금은 더 나를 가꾸면서.

늙어가는 길목에서 가족이 있거나 없거나 별반 큰 차이가 없는 것 같다는 생각이 스쳤다. 나에게는 사랑하는 가족이 있다. 나를 아껴주는 남편이 있고 자기 몫을 잘 해내고 있는 아들도 있으며 딸과 사위도 서로 아끼고 사랑하며 잘 살고 있다. 귀염둥이 손주도 건강하게 잘 자라주고 있다. 이런 가족이 있음에도 순간 밀려오는 힘듦과 외로움은 오롯이 나 혼자 감당해야 할 몫으로만 남는 것 같아 가족이 있고 없고는 크게 상관이 없는 듯한 생각에 사로잡힌다. 글을 쓰는 중간에 다른 생각이 나를 정리시켰다. 가족이 없는 사람은 없는 것에 대한 외로움이 더 크겠구나! 나는 가족이 있으니 그만큼 작아진 힘듦과 외로움을 감당하고 있는 것임을 깨달았다. 늙어가는 길목에 들어서는 모든 사람이 겪어야 할 과정임을 알았다. 그 길을 어떻게 바라보고 어떤 마음으로 살아가느냐에 따라 조금 더 수월하게, 조금 더 의미 있게 지나갈 수 있음을 깨닫게 된다. 잘 이겨내 보자. 이 길목은 누구도 피할 수 없는 길이지만 어떻게 걸어가느냐에 따라 풍경이 달라질 것이기에 새로운 길을 찾듯 흥미롭게 살아가리라 다짐한다.

사과 꽃향기

지리산 정령치 아래에 자리 잡은 작은 한옥 지붕 아래 아담한 카페가 있다. 어린 시절 살던 시골집 그대로를 살려 카페로 영업하고 있는 곳이다. 지리산 자락을 끼고 있는 이곳은 공기가 맑고 시원하다. 2차선 도로를 사이에 두고 작은 하천이 또 하나의 풍경을 자랑하고 있는 이곳이 사과 꽃향기라는 예쁜 이름을 가진 카페이다.

시골스러움도 좋지만, 무엇보다 쌍화차와 대추차가 남편과 나의 입맛에 꼭 맞는다. 그래서 남편과 나는 생각나면 이곳을 찾는다. 남편은 진한 한약 향이 감도는 쌍화차를, 나는 마음을 편안하게 하는 진하고 걸쭉한 대추차를 마신다. 그곳에는 재래식 구들장 바닥으로 된 작은 방이 있는데 세 팀만 받을 수 있는 작은 공간이다. 우리 부부는 구들장 바닥을 선호한다. 추운 겨울이면 더할 나위 없이 좋은 자리다. 엉덩이는 뜨끈하고 쌍화탕과 대추차는 몸과 마음을 따뜻하게 데워 주니 행복이 배가 된다. 세 팀이 들어올 수 있는 작은 공간은 비밀이 될 수 없다는 점이 흠이라면 흠이다.

차를 마시다 보면 옆에 놓인 방명록이 눈에 들어온다. 써 본 적은 없지만 몇 년 전부터 기록되어 있는 글을 읽다 보면 잠깐의 휴식이 주는 행복과 이곳을 스쳐 간 이들의 발자취와 추억을 엿볼 수 있다. 사랑하는 엄마와 함께 왔던 딸도 있고 연인들끼리 와서 자신들의 이름을 남기기도 한다. 영원히 헤어지지 않기를 바라는 마음으로 이름과 이름을 반지로 묶어 놓는 간절함마저 보인다. 어제의 가슴 아픔이 오늘은 치유로 다가오고, 인생의 장난질에 지친 심신은 잠시 사과 꽃향기에 기대어 정처 없는 발걸음을 옮기기도 했다. 기약 없는 약속 그리고 소망을 담은 글들은 10여 권이 넘은 책들 속에 고스란히 남아 있다. 딸을 미국으로 유학 보내는 소망과 함께 자신의 치매를 치료할 계획이 적혀 있다. '사랑한다. 우리 가족'이라는 글을 남겨 두고 세월은 갔다. 모든 사람의 인생길에 가족은 떨어질 수 없는 행복, 위안, 응원 그리고 아픔이 동시에 존재하는 큰 인생 줄기인 듯하다. 사랑과 소망이 담긴 방명록은 짧은 글귀들이지만 따뜻함이 묻어 있었다.

나뭇잎이 우수수 떨어지는 11월 끝자락에 오후 햇살이 창문을 넘어 얼굴에 내리쬔다. 흘러간 추억 노래가 귓가에 스며들고 풋풋했던 그리움 그리며 옛 생각에 젖어본다. 시작이 있으면 끝이 있고 만남이 있으면 헤어짐이 오고, 꽃이 피면 지는 자연의 이치에 따라 우리 인생도 세월 따라 흘러간다. 아쉬움도 미련도 내려놓으면 마음은 한 조각 구름 되어 흘러간다는데 방명록에 적힌 짧은 글은 어언 10년을 붙잡아 다른 이에게 또 다른 소망을 연결하고 있다. 타인에게 다른 그리움을 주고, 또 다른 추억을 남겨 나중 사람에게 가을의 그리움을 더해준다.

　늘 같이하고 싶은 좋은 사람, 언제나 따뜻함을 채워주는 사람, 내 앞에 앉아 있기를 바랐던 젊은 날의 사랑이, 지금도 함께 있어 나는 행복한 사람이다. 한때 너무나 사랑하고 좋아했던 사람이 어느 날 세월이 흘러 와 보니 원수가 되어있다는 말을 듣곤 한다. 상처 주는 말을 서로에게 주고받으며 누가 더 아픈 상처를 줄까 내기라도 하듯 콕콕 심어댄다는 얘기도 듣는다. 이렇게 저렇게 살아가는 갖가지 모습들이 뒤엉켜 살아가는 것이 인생이구나 싶으면서도, 서로에게 상처 주지 않으려 애쓰는 모습은 더 아름다운 인생임을 고백할 수 있어 행복하다. 방명록에 적힌 짧은 글 속에서도 많은 감정이 읽힌다. 간절했던 사랑이 헤어짐으로, 사랑했던 가족이 남보다 못한 사연, 첫사랑과 함께 왔던 이곳을 혼자 찾아온 사연, 하얀 종이에 이름 세글자 남기고 조용히 시간 속으로 사라진 사람, 그리고 그리움.

짧은 시간 많은 사람들의 시간여행을 달콤한 차와 함께 할 수 있었다. 해가 뉘엿뉘엿 서산으로 기울어지고 있다. 나뭇가지 틈새로, 그리고 커튼 틈새로 비치는 햇살이 약해졌다. 같은 공간에서 차를 마시던 사람들이 하나둘 각기 목적지를 향해 돌아간다. 가까이 있어서 좋은 그 사람과 나는 따뜻한 행복 한잔 마시고 또다시 찾아올 것을 마음속에 약속하며 오늘도 사과 꽃향기의 내음을 가슴에 담아 집으로 돌아간다.

어둠 속에서 밝은 아침이 온다

나는 저 아래를 내려 볼 수 있는 높은 아파트에 산다. 베란다 창문을 통해 아래를 내려다보고 있노라면 당찬 마음이 들곤 한다. 세상이 별것 아닌 것처럼 쉬워 보인다. 작은 내 손으로 가려지는 저 높은 산이, 도로를 활개 치며 달리는 자동차가, 이리저리 바쁘게 움직이는 사람들이 내 작은 손안에서 노는 듯하다. 불법 주, 정차가 되어있는 차들을 나의 엄지와 검지로 콕 집어 산 높은 정상에 올려놓는다. 그 후 찾아온 주인의 어이없는 표정에 나는 "너만 생각하는 이기적인 마음으로 살지 말아라" 충고한다. 신호 무시하고 달리는 차량의 꼬리를 잡아 저 끝줄에 세워 놓는다. 아파트 단지를 시끄럽게 하는 예의 없고 큰소리치며 욕하는 사람을 검지로 이리저리 멀미 나도록 흔들어댄다. 이중주차 하지 말라고 수없이 방송해도 무시하는 사람이 있다. 급한 사정으로 차 빼주길 기다리는데 뻔뻔스러우리만큼 불룩한 배를 한껏 내밀며, 느긋하게 걸어오는 신사적이지 못한 자의 차를 엄지손가락 하나로 눌러 버린다. 초능력이 있다면 한 번쯤 해보리라 했던 상상을 하니 통쾌감이 밀려온다. 정의를 위한 능력자, 한 번쯤은 현실에서도 만화처럼 일어나길 상상한다.

세상은 결코 꿈같지 않다. 집 밖에는 침을 흘리며 다가오는 이성을 잃어버린 하이에나가 불쑥불쑥 나타난다. 평온함을 순식간에 앗아가 버리는 무책임한 이들. 아무리 조심해도 당하는 세상이 무섭다. 돈에 취하고, 권력에 취하고, 술에 취하고, 약에 취하여 이성을 잃어버린 미친개가 되어 다른 이들의 삶을 망가뜨린다. 양심은 찾아볼 수 없다. 배려는 기대조차 할 수 없고 드러난 거짓은 또 하나의 거짓에 숨어 다른 이들의 삶을 갉아먹고 있다. 오직 자기 하나의 기분과 욕심으로 타인을 주저 없이 파도 속으로 밀어버리는 이성 없는 자들.

연말이면 더욱 잦아지는 음주 운전 소식. 이런 뉴스를 접할 때마다 화가 난다. 답답하다. 뉴스는 그 소식을 전함으로 끝나 버린다. 법은 살인미수, 살인자에게 음주 운전이라는 죄목을 붙여 가벼운 솜방망이로 엉덩이를 때리는 리액션을 취한다. 정녕 사고를 당한 피해자들은 그때부터 지옥을 살아가야 하는데 그 후의 문제는 아무도 신경 쓰지 않는다. "죄송합니다." 한

마디 던진 도로의 무법자는 평소처럼 살아가고 있는 사회가 징그럽다. 예전에는 안전한 곳이라 편안하게 걸었던 도로 갓길 인도를 지금은 예전처럼 편안하게 걷지 못한다. 어느 순간 도로를 달리던 자동차가 인도를 향해 미친 듯 달려들까 봐. 횡단보도를 건너기 위해 신호선에 서 있던 내가 나를 보호할 큰 버팀돌을 찾거나 기둥을 찾아 뒤에서 기다린다. 법이 보호해 주지 못하니 내가 내 자신을 지키리라는 안간힘이다. 돈의 힘이, 권력의 힘이 도로의 무법자들을 양육하고 있는 것 같아 더욱 무섭다.

아이들에게 가르쳐야 하는 많은 것들이 바뀌었다. 우리 아이들을 키울 때만 해도 상대방과 나의 행복을 동시에 생각하는 교육이었다. 친구들과 사이좋게 지내기, 휴지줍기, 인사 잘하기, 차례 지키기, 양보하기 등 진심으로 그리하길 선생님과 부모님이 가르쳤다. 이 모든 가르침은 서로에게 좋은 일이다. 그러나 지금은 아니다. 살아남으려면 다른 이들을 밟고, 싸워서라도 이겨야 한다고 가르친다. 직접적인 가르침은 아니더라도 옳지 않은 일에 침묵은 곧 긍정을 의미한다. 약한 친구를 돕는 일도 왕따, 집이 가난해도 왕따, 공부를 잘해도 왕따, 못해도 왕따 이 모든 이면에는 돈과 권력이라는 힘이 똬리 틀고 앉아 있다. 언제고 쓸 기회가 오면 똬리 튼 몸을 풀어 낚아채는 뱀처럼 말이다. 돈과 권력이 없으면 살아가기 힘든 세상이다. 이런 세상에서 살았다는 흉내라도 내려면 막강한 힘을 소유하거나 힘 있는 자들에게 빌붙어 온갖 아부를 해야만 한다. 비굴하게 변해버린 세상에 과연 정의가 남아 있으려나 심히 염려되는 부분이다.

조금은 이성적이고 조금은 냉정해지자고 자신을 달래본다. 앞이 보이지 않고 막막할 때 뛰기보다는 잠시 멈춤을 실천하는 것은 어떨까. 한숨을 들이켜 마음을 돌리다 보면 답답한 마음은 한결 가벼워지지 않을까. 어둠이 짙을수록 아침은 더 밝게 다가온다. 우리 사회에도 반드시 그 아침이 올 것이라 믿는다. 어두워 움직일 수 없을 땐 새벽이 오기를 잠시 기다리는 것도 하나의 방법이겠다. 그럼에도 우리 사회는 아직 살만한 세상이라 말한다. 그렇게 말할 수 있는 건 살만한 세상을 갈망하는 내가 있기 때문이다. 갈망하는 이들에겐 희망이 있고 희망은 움직이게 한다. 움직임은 살아있는 것이다. 살아 있음은 싹을 틔우고 꽃을 피운다. 꽃이 피면 나비가 날아들고 나비는 더 많은 꽃의 번식을 도울 것이다. 어느새 희망의 꽃밭은 더 많은 나비를 불러 곳곳으로 번져 나간다. 아직은 살만한 세상이다.

꿈이 없다 말하지 말고, 두렵다고 뒤로 물러서지도 말고, 한 번쯤 세상을 자신 있게 맞닥뜨려 보자. 희망에는 강한 힘이 있다.

계단 투어

춥다는 핑계로 걷는 운동을 멈췄다. 수영장 물 온도가 너무 낮아 감기 걸리겠다는 핑계로 수영장 가는 일도 멈췄다. 쉬는 주말에도 겨울이라며 방안에 틀어박혀 있다. 점점 늘어나는 배 둘레를 손으로 만지작거리며 "운동해야 하는데"라는 말만 반복한다. 더 놀라운 건 놀고 있어도 시간 맞춰 배는 고프다는 것이다. 일할 때는 배고픈 줄도 모르고 일하다가 때 되면 점심 한 끼 찾아 먹는데, 집에서는 쉬지 않는 입이 매 끼니를 찾아 배를 채운다.

점심 먹은 지 두 시간이 흘렀다. 그사이 나는 단백질 바를 먹었고 견과류를 먹었고 귤까지 먹었다. 쉴 새 없이 오물거리는 내 입이 문제인지 배가 문제인지 "아 어떻게 하지? 너 어떻게 하려고 그래? 살 빼는 거 힘든 거 알지?" 나를 다그쳐 보지만 이미 손은 또 하나의 귤을 잡고 있다.

집에 들어서면 나간다는 게 참으로 힘들다. 아파트라는 공간이 더욱 그런 것 같다. 그런 나를 위해 얼마 전부터 퇴근길에 계단을 이용하여 집에 들어가는 계획을 세웠다. 따로 걸을 시간도 멈췄고 수영장 가는 일도 멈춰서 퇴근 시간을 이용하기로 했다. 우리 집은 걸어 올라가기엔 조금은 버거운 층수다. 그러나 아무런 운동을 하지 않는 나에게 조금이라도 움직일 기회를 주고 싶었다. 운동 효과보다는 다리 근력을 키우고자 하는 작은 욕심에서 시작했다. 첫날 퇴근하고 계단을 오를 때 "천천히 오르자, 바쁜 아침도 아니니 아주 천천히 한걸음 한 계단 그렇게 올라가 보자. 홧팅" 주문을 외웠더랬다. 그렇게 시작한 첫날 정말 반쯤 올라왔을까 싶을 즈음 벌써 우리 집에 다다랐다. "어, 할만한데!!" 만족스러움에 피식 웃음이 나온다.

계단을 오르기 시작한 지 5일 차가 되자 벽보에 글이 읽히고 계단의 상황들이 눈에 들어왔다. 우리 라인에 어떠한 사람들이 모여 살고 있는지 확실하지는 않지만 대충 알아볼 수 있는 특징들이 보였다. 어린 유아가 있겠구나 싶은 유모차, 유치원생이 타고 놀 자전거, 노인 보행 보조기를 이용하시는 어르신. 그리고 젊은 청년이나 고등학생이 타고 다닐만한 로드 자전거, 문 앞에 쌓인 택배를 보면 우리와 같은 맞벌이 가정이구나 미루어 생각도 한다. 계단에 쟁여 놓은 쌀이며 계단과 계단 사이에 늘어놓은 통은 우산으로 빼곡하게 쌓여 있다. 미처 통에 들어가지 못한 우산은 벽에 기대어 비스듬히 입을 벌리고 서 있다. 어떤 층 계단 사이엔 개와 사람이 대, 소변을 보는 그림이 그려진 A4용지가 벽에 붙어있다. 눈에 띄는 색 글씨로 '이곳은 대, 소변을 보는 장소가 아닙니다'라고 적혀 있다. 서로의 깨끗한 생활을 지키려는 마음이 엿보인다. 단순한 계단이 아니라 이웃들의 일상이 묻어나는 작은 골목길 같았다.

며칠 동안 계단을 오르면서 많은 것들을 생각하게 되었다. 지금까지 큰일 없이 살아온 우리들의 삶에 감사함과 안일하게 살아가고 있는 우리들의 모습이 동시에 마음을 때렸다. 아파트는 개인 주거용이면서 공동주택이다. 내 집이라는 공간은 내 편리대로 사용할 권한이 있지만 그 외의 계단이나 엘리베이터는 공동의 것이다. 우리는 그것을 크게 인지하지 못하고 살아가고 있는 듯하다. '나'서부터 안일함 속에서 살아가고 있음을 알았다.

내 집 문 앞이라 내 소유인 양 사용했다는 사실에 부끄러웠다. 나와 같은 생각을 하는 사람이 많은 것 같다. 개인의 문 앞과 계단을 아무 스스럼없이 개인용으로 사용하고 있는 것 보니 말이다. 나 혼자의 몸을 천천히 걷는데도 자전거며 다른 물품들이 분명 걸림이 되었다. 혹시라도 계단을 이용해서 대피해야 할 사고가 발생하면 큰 사고로 이어질 상태임을 나는 보았다. 한 라인에 평균 팔구십여 명이 생활하고 있는 아파트에 오랜 시간 동안 무탈하게 지낼 수 있음에 정말 감사했다.

문 앞에 보이는 방화문에 대해서도 제대로 알고 있는 사람이 소수임을 알았다. 분명 눈에 띄게 '사고 발생 시 화염 및 연기로부터 생명을 보호하는 방화문이기에 항상 닫힘 상태를 유지해 주시기 바랍니다.' 안내 문구가 적혀 있었다. 그럼에도 그저 내 식대로 생각하고 행동했다. 사고 시 대피하려면 열려 있어야 한다고 생각한 나는 1년 12달 방화문을 괴임목으로 열어 놓았다. 계단을 오르면서 방화문이 닫힌 곳은 딱 두 곳뿐이었다. 겨울이라 추워서 닫아놓은 것인지 방화문의 역할을 실행하고 있는 것인지는 모르겠다. 확실한 건 공동의 것을 내 편의대로 많은 사람들이 사용하고 있다는 것이다. 그날 나는 방화문 괴임목을 치웠다. 가끔 방문하는 손주의 유모차도 집 안으로 들여놓았다.

계단 투어를 통해 공동생활에 대해 다시 생각하게 되었다.

나의 작은 무심함이 많은 이들에게 불편을 끼칠 수 있다는 사실을 알게 되었다. 지금은 나 한 사람이지만 누군가 나처럼 계단을 오르면서 보고 생각할 것이다. 그리고 변화를 시도할 것이다. 공동생활에서 나 하나의 행동은 다른 이의 삶까지 영향을 끼친다는 사실을 깨닫게 된다. 고집이 아닌 모름에서 오는 행동이라면 아는 순간 변화는 시작될 것이기에 희망이 보인다. 내가 사는 라인 사람들은 지금껏 조용하고 평화롭게 살아왔다. 그만큼 모난 사람이 없다는 것이다. 조용한 평화는 작은 배려에서 시작되는 만큼 이제는 한 발짝 더 나은 배려심을 보여줘야 할 때라 생각한다. 계단은 내 소유가 아닌 공동의 것으로 돌려주는 성숙한 사람이 많아지길 바라본다.

내가 선택한 사람(부부)

 세상에 '나'라 칭하는 모든 사람 위엔 부모가 있다. 남자와 여자가 만나 한 몸을 이룸으로 생명이 태어난다. 생명이 있다는 것은 의미가 주어진 것이다. '나'란 존재가 없으면 이 세상은 무의미하다. 내가 있기에 세상의 좋음도 세상의 부정함도 나에게 의미로 다가온다.

 부부라는 말을 자세히 알고 싶어 검색해 보았다. 생각보다 심심한 답이었다. 남편과 아내를 아울러 이르는 말이라 나와 있다. 심오한 그 무엇을 기대했었나 기대한 만큼의 실망이 내 머리를 비워간다. 나는 그 무엇의 애절함이나 뜨거움이 내포된 또 다른 뜻을 기대했던 것 같다. 지금의 남편과 부부가 되기 전부터 쌓아온 수많은 생각과 감정을 실타래 풀듯 하나하나 되짚어본다. 부부의 연으로 맺어지는 것도 쉽지 않고 살아내는 것도 결코 쉬운 일이 아니었다. '좋다'라는 이유 하나만으론 감당되지 않을 삶이라는 걸 이제는 말할 수 있다. 살면 살수록 내 마음에는 더 깊고 진한 그 무엇이 있음을 느낀다.

세상을 다 준다 해도 이 사람 아니면 안 될 것 같은 마음. 오직 한 사람 당신만 있으면 족하다 할 때가 있었다. 당신의 어깨에 짊어진 무거운 짐이 있다는 걸 알고도 그 짐을 함께 짊어지고 싶다는 애틋함이 있었다. 기쁨도 내 몫이요 슬픔도 내 몫이라며 기꺼이 내 마음 그릇에 당신을 담겠노라 다짐했던 순정의 때가 있었다. 사랑하는 마음이 목숨까지 서로에게 맡기는 운명을 선택하게 하고 떨어질 수 없는 그림자로 남겠다는 작정도 했었다. 그 마음을 가지고 부부로 맺어진 우리는, 앞으로 살아가야 할 수많은 시간이 기다리고 있다는 사실까지는 미처 생각할 겨를이 없었다. 부부의 세계로 들어와, 살다가 살다가 터덕터덕 발걸음을 멈추게 하는 사연들이 우리 앞에 펼쳐질 때, 부부의 진액을 힘껏 짜내는 삶을 통해 끊을 수 없는 부부임을 증명하며 살아가고 있다.

우리 부모님 세대, 그 윗세대를 생각해 본다. 사랑한다, 좋아한다는 말 한마디 없이 부부가 되었다. 이성적인 감정도 느끼지 못한 채 인생 바다에 던져졌다. 말 그대로 모험을 나선 이들은 역행하는 부부의 삶을 살았다. 삶과 죽음의 경계를 넘나드는 고비를 수십 번 넘고 나서야 서로가 삶의 의미가 되고 애잔한 감정을 품게 된다. 굽이굽이 한 단락 살아내고 또 한 고개 넘어가는 삶을 반복하면서 곁에 머물러 있는 것으로 위로하는 듯하다. 인생의 모진 사계절을 경험하고 보내면서 나의 버팀목, 나의 삶이 그대였음을 깨닫게 된다. 가슴 설레는 사랑이 무엇인지조차 알지 못한 채 쌓아온 믿음과 신뢰가, 부딪히며 살아온 인생길 한복판에서 서로의 나침반이 되어 이곳까지 무사히 이끌었음을 알게 된다. 설렘 대신, 맞잡은 거친 손끝에서 느껴지는 애처로움이 바로 그들의 사랑이었다. 아무것도 모른 채 인생 바다를 뛰어든 부모님 세대와 믿고 의지할 수 있는 사랑하는 사람과 함께 꿈을 안고 달려 나간 우리. 어느 길이 더 수월할까. 부모님 세대의 인생을 말할 수는 없다. 그렇다고 내가 달려왔던 길을 어떻게 말해야 할지도 모르겠다. 그러나 한 가지, 부부라는 끈에 묶여 떠밀려 시작했든 부부의 끈을 스스로 묶어 시작했든 인생이라는 바다에 놓여 항해하는 것은 변함없는 시작점인 것이다. 시작의 모양은 달랐지만 살아내야 함은 동일하다. 결국 삶의 주인공은 살아낸 자다.

삶이 덧없다 느껴지고 불확실한 미래에 불안하고 공허함이 밀려오는 순간, 내가 지금 잘 살고 있는가 질문 할 때가 있다.

질문에 답할 사람은 결국 살아낸 자들만의 몫이다. 멋진 문장으로 정리하여 한 줄 명언은 남길 수 없지만 살아낸 자들은 이 질문을 몇 번이고 반복했으리라. 터덕거리며 어두운 밤길을 걸을 때도, 비바람 몰아치는 폭풍우를 맞을 때도, 쨍하고 해 뜬 날에도 스스로 물었으리라.

세상 그 무엇보다 '그 사람'이 소중했고, 함께 하면 그 어떤 어려움도 이겨낼 자신이 있었고, 내 인생의 돛단배에 함께 타고 가도 좋겠다는 믿음이 있었다. 내 전부를 줘도 아깝지 않을 나보다 소중한 사람이었던 '그 사람' 지금도 내 인생길에 그 사람이 동행하고 있다면 감사하자. 당연해 보이지만 당연하지 않은 현실을 우리는 살아가고 있다. 함께 하고 있다는 것은 초심을 잊지 않고 있다는 증거다. 내가 사랑할 사람, 나를 사랑해 줄 사람. 내가 소중하게 대할 사람, 나를 소중하게 대해 줄 사람. 서로를 마음속에 담고 어여쁘게 살아가고자 하는 그들은 행운아며 행복한 사람이다. 부부가 되기 전 가졌던 마음을 잊지 말고, 함께 헤쳐 온 순간들을 기억하자. 세상 그 무엇과도 바꾸지 않았던 단 '한 사람' 책임이라는 무거운 짐을 스스로 끌어안으면서까지 선택했던 단 한 사람. 나는 이 세상 모든 것 중에 '당신'을 택했습니다.

평범한 일상이 나의 행복

사람은 누구나 행복하길 바란다. 바라는 사람은 많지만, 실제로 행복하다고 말하는 사람은 흔치 않다. 바라는 모든 사람이 행복하면 좋으련만 결과는 그렇지 않으니 정말 특정한 사람에게만 행복이 찾아오는 것은 아닌지 생각에 잠겼다. 그런데 그리 오래 생각할 것도 없었다. 나란 사람도 행복한 순간들을 수없이 느끼며 살아왔다. 그 말은 행복은 특정한 사람들의 전유물이 아니라는 뜻이다. 나는 내가 언제 행복을 느꼈는지 행복 줄기를 찾아내려 애를 썼다. 막상 행복 줄기를 찾으려니 쉽지 않았다. 기억에 남아 있는 것이 많지 않다는 생각에 무엇이 잘못된 것인지 심각해졌다. 그런 중에 내 머릿속은 후회로 편치 않았던 날들이 스쳐 지나간다. 그 후회 속에서 한가지 알게 된 사실이 있다. 후회는 내가 행하고 난 뒤에 만나게 되는 결과물이다. 즉 마음의 평강은 깨지고 불안과 염려로 몸과 마음이 고통 속으로 빠져드는 것. 그런 순간에 후회의 늪에서 나를 꺼내는 건 다름 아닌 평범한 일상이었다. 너무 평범해서 기억의 뒤편에 묻혀 있었다.

　작은 후회에서부터 큰 후회까지 이미 벌어진 일에 몰두하다 보면 침울하기만 하다. 그 침울함을 깨고 들어오는 것은 매일 같이 반복되던 나의 일상이었다. 아침에 떠오르는 태양을 보는 것에서, 건강한 몸으로 출근하는 내 모습에서, 일할 수 있는 직장이 있다는 것에서, 쉴 수 있는 안락한 집, 가족, 그리고 내 맘대로 숨을 쉬고 웃을 수 있다는 것에서 행복을 느꼈다. 듣고 싶은 음악을 들을 수 있다는 것도 크나큰 행복이었고 보고 싶은 사람이 같은 하늘 아래에 숨 쉬고 있다는 것 또한 미소와 함께 행복을 불러왔다. 파란 하늘을 올려다볼 여유가 있다는 것에서, 자유롭게 산책하는 여유로움 속에서, 맛을 느끼며 먹을 수 있다는 것에서 그 외 무수히 많은 것들을 다 할 수 있다는 이 평범함이 나를 행복하게 했던 일들이다. 평범한 하루지만, 평범하지 않은 기적과 같은 날이었고 매일 같은 일상이라 생각했지만, 단 하루도 같은 날은 없었다는 것이다. 시간이 흐르고 나서야 평범한 일상에는 엄청난 용기가 필요했음을 깨닫게 된다. 그 일상은 매 순간 기적이었다는 사실에 놀란다. 평범한 하루를 지키려는 삶에는 아무것도 하지 않음이 아니라 무수한 싸움을 하는 것이다. 참아내기 힘든 감정과 죽을힘을 다

해 자신과 싸워 이겨야만 주어지는 하루가 바로 평범한 일상이었다. 마음의 평안을 지키고, 감사할 줄 아는 삶은 흔한 듯 보여도 결코 흔치 않다. 나는 이런 나의 평범한 일상을 사랑하지 않을 수 없다.

기다리는 행복보다는
누리는 행복으로

우리는 행복을 누리기보다 기다리는 일에 많은 시간을 보내고 있는 것 같다. 찾아온 행복을 누릴 새 없이 '됐다'는 안도감과 함께 흘려보내고 또 다른 행복을 기다린다. 그러나 그 또한 곁에 온다고 한들 누리지 못할 행복임이 틀림없다. 행복인 줄 모르고 누릴 줄도 모르고, 평생을 기다리는 일만 반복해 왔기에 그것만이 나를 행복하게 해줄 것처럼 기다리기만 한다. 내가 받은 것이 너무 많은데 족함은 없고, 언제나 부족한 듯 기다림에만 목메어 있으니 어찌 행복을 제대로 누려 볼 수 있었으랴. 대부분의 많은 사람이 이처럼 살아가고 있는 듯하다.

내 마음속에 오래도록 후회로 남는 일이 있다. 그 후회를 되짚어보면 후회로 남을 일이 아니었는데 결과적으로 가장 큰 후회로 남아 있다. 다른 좋은 일과 함께 묶어 한 번에 즐기리라 미뤄뒀던 일이다. 시간이 흘러 기쁜 소식을 전했지만 전한 나도, 듣는 이도 기쁨은 희석되어 사라지고 결과만 전해 들은 듯한 딱 그 느낌일 뿐이었다. 행복은 순간의 감정이다. 그때 누리지 못하면 그 감정은 두 번 다시 느낄 수 없다는 것을 알았다. 우리가 살아가면서 놓치는 부분이 이런 부분이 아닌가 싶다. 행복은 모아두는 것이 아니라 그때그때 누리는 것임을 깨닫게 되었다.

행복은 모든 사람에게 공평하게 주어졌을까 이 질문에 누구는 공평하다. 누구는 절대적으로 공평하지 않다고 한다. 사람은 서로 다른 생각과 감정이 있기에 역시 하나로 일치된 답은 나오지 않는다. 기준과 만족도 다르다. 요즘 사람들에게 행복에 대해 질문하면 곧바로 돈과 연관을 짓는다. 행복이 돈에 있다고 생각하기 때문이다. 물론, 돈이 있음으로 행복을 누릴 기회는 없는 이들보다야 많이 주어지는 것은 부인할 수 없다. 하지만 돈이 많다고 해서 반드시 행복한 것은 아니라는 현실 또한 우리는 보고 듣는다. 돈이 행복과 직결되었다고 많은 이들이 생각하는 것은 우리가 살아가는 자본주의 사회에서는 없어서는 안 될 꼭 있어야 할 것이기 때문이다. 행복에 돈이 척도가 된다고 생각하는 현실이 삭막하지만 어찌할 수 없는 현실 속에 우리는 살고 있다.

돈이 행복을 주기도 하지만 꼭 그렇지 않다는 것도 확인하였다. 나는 개인적으로 행복은 누리는 자에게만 존재한다고 말하고 싶다. 돈이 있든 없든 사람마다 차이는 있을 수 있지만 우리에게 주어진 행복 자체는 누구에게나 동일하다. 나에게 있는 행복을 누리는 사람과 나에게 없는 다른 행복만을 기다리는 사람은 행복한 사람과 행복하지 않은 사람으로 구분될 수밖에 없다. 우리는 행복한 사람으로 살자. 기다리는 행복이 아니라 지금 누리는 행복한 사람으로.

너 없는 방에서

희미한 불빛이 방안 어둠을 살짝 물리치고 어린아이의 미소를 비춘다. 앞니를 보이며 같이 웃어주기를 바라듯 빤히 쳐다본다. 이미 누워버린 할머니 곁에서 재롱을 부린다. 엄마, 아빠만 겨우 말하는 아이는 할머니라 부르지도 못하고 온몸으로 자신 뜻을 알린다. 누워있는 할머니 몸을 넘나들며 좁은 공간으로 비집고 들어와 끙끙 소릴 낸다. 좀 더 놀고 싶은 모습이다. 내 눈앞에 앉아 말 대신 몸짓으로 율동하며 할머니는 노래를 부르라는 식이다. 그 율동이 어떤 노래의 율동인지 금방 알아볼 수 있도록 제법 잘한다.

"바람 부는 겨울날 손이 꽁꽁 발이 꽁꽁 얼었네"

부르는 노래에 맞춰 아기는 율동하며 만족한 미소를 보이고, 할머니는 장단을 맞춘다.

"어구 잘했네!"

어느새 희미한 방안의 빛은 두 사람의 얼굴에 있는 눈, 코, 입 위치를 확인 할 수 있을 만큼 눈은 어둠에 적응하고 있었다.

아이는 할머니 입술에 정확히 자신 입술을 가져다 댄다. 자신이 하고자 하는 일에 성공했다는 기쁨인지, 아님 더 놀아주길 바라는 애교의 화신을 날리는 건지 모르겠다. 확실한 건 아이가 좀 더 놀 수 있다는 확신을 가진 듯하다. 아이는 또 다른 율동을 선보인다.

"뭐지? 다온아, 할머니가 생각나질 않아. 뭘까?"

고민하는 할머니를 보고 아이도 고민의 표정을 짓는다. 아이가 말을 잘하지는 못해도 말귀는 다 알아듣는다. 입술을 뾰로통하게 내밀며 미간을 살짝 찌푸린 채 고개를 갸우뚱한다. 할머니가 정답을 빨리 알아 맞춰주기를 기대하는 눈치다. 귀여워 어떻게 해야 할지 모르겠다. 불현듯 생각났다는 듯 할머니가 노래를 부르면 맞다는 듯 신나게 율동한다.

"주먹 쥐고 손을 펴서 손뼉 치고 주먹 쥐고 또다시 펴서 손뼉 치고 두 손을 머리 위에 나비가 훨훨 나비가 훨훨 나비가 훨훨 훨훨 날아요"

율동을 마친 아이는 또다시 내 얼굴에 뽀뽀한다. "할머니 최고"라고 하는듯하다.

"다온아, 이제 자야 하는데 코 자자" 아이는 애착 이불을 얼굴에 묻고 자는 시늉을 한다. 그러고는 벌떡 일어나 할머니 얼굴에 있는 눈, 코, 입을 가리키며 맞추기 놀이를 이끌어 간다.

머리에서 목, 턱까지 한 바퀴 다 돌고도 잠자기 싫은 아이는 할머니를 바라보고 앉아 손가락을 꼼지락거린다.

"이젠 정말 자자"

할머니 말이 떨어지기 무섭게 이불에 얼굴을 묻고 배를 바닥에 깔고 눕는다.

"엄마가 섬 그늘에 굴 따러 가면 아기는 혼자 남아 집을 보다가"

할머니의 노랫소리에 아이는 훌쩍인다. 할머니는 부르던 노래를 멈추고

"다온아, 왜? 슬퍼?"

예전에도 같은 노래를 불렀을 때 눈시울이 붉어진 것을 본 적이 있다. 가락의 느낌을 아는 걸까.

"할머니가 부른 노래가 슬퍼? 그럼 어떤 노래를 부를까?" 등을 쓰다듬듯 두드리며

"자장자장 우리 아가, 잘도 잔다. 우리 아가, 앞집 개야 짖지 마라. 뒷집 개야 짖지 마라. 우리 아가 잠들었다 자장자장, 자장자장"

아기는 할머니 손길을 벗어나 일어나더니 자신의 등을 토닥이는 할머니를 따라 고사리 같은 손으로 바닥을 툭툭 친다. 무엇을 해도 예쁜 아이, 잠자기 싫어하는 그 모습도 예쁜 아이.

할 줄 아는 말은 엄마, 아빠. 그럼에도 모든 의사소통이 되는 아이. 사랑스러운 나의 손주다.

지금 어두운 방 안에는 나 홀로 누워있다. 잠들지 못한 할머니는 아이가 머물다 돌아간 그 자리에서 하얀 밤을 보낸다. 너는 가고 없는데 방안 이곳저곳에 너의 모습이 보인다. 작은 고사리손에 이불이 들린 채 뒹굴뒹굴하던 모습, 침대를 오르락내리락하는 모습. 입술을 쭉 내밀며 웃는 모습. 부르는 노래에 맞춰 율동하는 모습이 생생하게 눈앞에 아른거린다. 잠들기 싫어 애교 부리는 너의 모습을 볼 때면, 왜 그리 가슴이 뭉클했는지 모르겠다. 아마도, 이쁜 짓을 해야 조금이라도 더 놀 수 있다고 믿는 너의 작은 마음이 읽혀서였을 것이다. 너만큼은 그러지 않아도 할머니는 다 해줄 수 있는데 말이다. 너 가고 없는 방에서 나는 그리움에 눈시울을 적시며 자장가 노래를 부른다. 따뜻한 너의 작은 손에서 느껴지는 평온함 속에서 내가 잠이 든다.

작은 것 하나가

요즘 들어 심심찮게 입병이 자주 난다. 입술이 부르트고 혓바늘이 나고 잇몸에 염증이 생긴다. 면역력이 떨어져서 그런지 부쩍 입병으로 인해 심기가 불편하다. 물 마시는 것도 힘들다. 좋아하는 음식을 앞에 두고 한 입 넣고 삼킬라치면 온 인상이 사정없이 구겨진다. 뜨겁거나 매운 것이 구멍 난 상처에 닿으면 어느새 눈시울이 뜨거워진다. 내 몸의 극히 일부인 입. 입 안에 작은 염증이 내 몸 전체를 정신없이 흔들어댄다. 삶의 의욕마저 벼랑 끝 바닥으로 끌어 내린다.

잦은 입병 때문에 습관으로 시작한 일이 있다. 아침에 일어나자마자 소금물로 가글한다. 습관을 들여 생활한다는 게 쉬운 일만은 아니라는 걸 느끼는 중이다. 습관이 몸에 밴 것 같다가도, 어느 순간 제자리로 돌아와 있는 내 모습을 보게 된다. 몸에 유익한 것은 습관으로 자리 잡기가 여간 어렵지 않다. 반면 해로운 일은 신경 쓰지 않아도 어느 순간 내 몸에 스며들어

생활을 좌지우지한다. 매일 아침 가글하는 습관도, 환경이 조금만 바뀌면 없던 일처럼 사라진다. 예를 들어 소금물을 미처 준비하지 못하면 바빠서 시간이 없다는 핑계로 거르게 되고, 자녀들이 집에 머무를 때나 아이들 집에 갔을 때도 가글은 중단된다. 단 한 번 놓치면 몸에 밴 습관은 순식간에 무너진다. 이를 습관이라고 부를 수 있을까 싶어 어이없어 헛웃음만 나온다. 그러다가 입병이 도지면 다시 시작한다. 몸에 좋은 것을 먹으려 애쓰면 그만큼만 들어가고, 이롭지 않은 것은 애쓰지 않아도 자연스레 일상 속에 녹아 있음을 단번에 느낀다.

가글의 작은 습관이 나의 하루를 기분 좋게 한다. 입안이 안녕하니 하루가 즐겁다. 우선 먹는 것이 편하니 기분이 좋다. 기분이 좋으니 보는 이들에게 웃는 얼굴로 인사한다. 사는 것이 인생 공부라더니 경험하는 모든 것들이 삶의 지혜가 된다. 세월 보낸 만큼은 아니어도 사람 관계에 있어서 작다고 생각하는 습관이 가장 큰 것임을 알게 된다. 좋은 습관은 첫째 나에게 유익과 즐거움을 주지만 나만이 아닌 주변 사람에게까지 즐거움이 전염된다는 것이다. 사람 관계는 아주 작은 것들이 조화를 이룰 때 좋은 관계가 된다. 반대로 작은 일이 틀어짐으로 금이 가고 멀어진다. 상대를 배려하는 작은 마음은 사회생활을 평탄케 한다. 큰 것으로 인생을 바꾸고 생활환경을 바꾸는 것이 아니라 작은 것이 큰 변화를 일으킨다는 사실을 다시 한번 실감케 한다.

좋은 감정이든 불편한 감정이든, 감정은 쉽게 숨겨지지 않는다. 내 안의 작은 입병이지만, 불편한 기분은 그대로 드러난다. 입병으로 불편한 심기는 공기의 흐름을 따라 이 사람, 저 사람에게 전가된다. 감추려 해도 뿜어져 나오는 불편함은 기운으로 느껴진다. 더더욱이 공동체 생활에서는 자신을 관리하는 것만으로도 공동체에 도움이 된다는 말이기도 하다. 간혹 자신의 취약한 점이 무엇인지 알면서도 고치지 않는 사람이 있다. 태생이 그렇다며 상대방이 이해해 주기만을 바란다. 정작 본인은 타인을 이해할 마음이 하나도 없으면서 말이다.

입병 하나가 내 온몸과 마음을 뒤흔들듯 내 작은 행동도 주변 사람들에게 영향을 끼친다. 아픔은 입안에서만 아우성 되는 게 아니다. 온몸으로 나타난다. 이처럼 우리 삶의 관계가 그렇다. 내가 한 작은 행동은 나 하나로 끝나는 것이 아니라 기류를 타고 옆 사람에게 퍼져 분위기가 바뀐다. 분위기가 바뀌면 환경이 바뀐다. 바뀐 환경은 내일의 미래마저 바꿔 놓기도 한다. 이처럼 나는 작은 한 사람이기도 하지만 많은 사람에게 영향을 끼칠 수 있는 사람이라는 것도 기억하면 좋겠다. 희로애락이 나로부터 시작될 수 있다는 이 사실을 마음에 한자 한자 새겨 넣는 중이다.

작은 도시에서 행복 찾기

매일 아침 출근할 수 있는 직장이 있다는 건 나에게 큰 행복이다. 젊었을 때 듣기 싫어했던 알람 소리를 듣고 일어나는 일도 지금은 나에겐 행복이다. 한 주간 일을 마치고 찾아오는 주말. 특히 요즘 사람들이 '불금'이라 부르는 금요일을 함께 누릴 수 있다는 것도 행복이다. 그야말로 직장인들만 느낄 수 있는 여유 속에 안도감이 있고, 안도감 속에 또 다른 여유로움이 있다. 동시에 일주일을 잘 보냈다는 뿌듯함까지 느끼는 즐거움이다. 밀린 드라마를 늦은 시간까지 볼 수 있는 것, 한 주간 떨어져 지낸 아들과 함께 불금을 보내는 것, 가끔 시집간 딸과 사위, 그리고 손주가 와서 주말을 함께 보낼 수 있는 날은 나에게 보너스 같은 날이라 더욱 좋다.

공기가 오염되었다 해도 도심만큼은 아니니 그것도 좋고, 인심도 아직 남아 있으니 좋고, 교통체증으로 스트레스받지 않는 것도 좋다. 계절마다 대지를 지나, 산을 타고 불어오는 바람에 냄새를 느낄 수 있다는 것도 좋다. 저녁이면 인위적으로 빛나는 네온만 반짝이는 도심보다 별이 빛나는 하늘과 가끔 반딧불의 반짝임도 볼 수 있어 좋다. 어둠과 함께 찾아오는 적막감도 좋고, 간간이 들려오는 갓난아이의 울음소리에 미소 짓는 내 모습이 좋다. 좋은 것이 많은 이곳에 내가 있어 더욱 좋다.

멈춰버린 가을 소풍

시골살이의 가을은 낭만이 없다. 고됨과 조급함, 쉼 없는 일상이 늘 따라붙는다. 차를 타고 스쳐 지나가는 들판의 풍경은 낯설지만 따뜻하다. 풍요와 노란 벼 이삭에 묻은 엄마의 냄새를 추억해 보기도 하지만 시골살이 삶은 실상 고달프다. 긴 시간은 추억이 되어 나를 부르고 있다. 오직 나만의 것이 되어 있는 어릴 적 추억. 오래도록 기억하고 싶은 것도, 빨리 지워버리고 싶은 것도 오롯이 나의 것이다.

도시 사람들은 시골 풍경을 보고 평화로움을 느낀다. 일어날 때부터 잠들 때까지, 반짝이는 네온 불빛 속에 살아가는 도시의 일상은 쉴 틈 없이 돌아간다. 밤낮이 따로 없을 만큼 멈추지 않는 활동 속에서, 시골의 한적함은 그야말로 평온 그 자체로 다가올 것이다. 새벽을 깨우는 닭 울음소리에 하루의 문을 여는 시골은 그야말로 운치까지 있다. 개 짖는 소리와 함께 조용히 밝아오는 아침은 평화 그 자체이다. 이 상상은 도시 사람들이 생각하는 시골 풍경이다. 평화롭고 따뜻하고 마음마저 차분하게 하는. 그러나 삶을 살아가는 그 속은 여전히 생사화복, 희로애락이 있는 인생살이가 묻어 있다. 평화로운 사진 속에 담겨있는 사람들의 평화로움은 평화로운 자가 바라보기 때문이다. 그 생활을 함께하는 이들에겐 송골송골 맺혀있는 비지땀을 알아차린다. 펴지지 않는 허리를 펴며, 이 고된 삶에서 언제 벗어날까 한숨짓는 소리를 듣는다.

나는 산 아래 촌 동네에서 태어나고 자랐다. 사계절의 아름다움을 뚜렷이 느끼며 자라왔다. 반짝이는 네온 불빛이 아닌 달과 별의 빛을 보았다. 선풍기의 인위적인 바람이 아닌 대청마루에 앉아 산 중턱에서 불어오는 산바람으로 시원함을 느꼈다. 논길을 걷다가 산길을 따라 계곡을 오르내리는 아름다운 지역이 내 고향이다. 동구 밖에서 쭉 뻗은 들판을 바라보며, 시원스레 불어오는 바람은 시골 냄새와 함께 나에게 뻥 뚫린 호흡을 선물한다.

가을 하면 떠오르는 건 중학교 시절 소풍날이 생각난다. 나는 중학교 3년 동안 가을 소풍을 한 번도 가지 못했다. 친구들이 줄지어 소풍 가는 것을 논 가운데서 보았을 뿐이다. 우리 마을이 산새가 좋다 보니 마을 뒷산이 소풍 장소로 정해진 곳 중 하나이다.

저 멀리서 나를 알아볼 리 없었겠지만 부끄러웠다. 친구들은 도시락을 싸서 소풍 길에 있는데 나는 일하기 위해 논 가운데 서 있다. 추수철이라 어린 손 하나라도 보태면 큰 힘이 되었던 것 같다. 무엇보다 나는 야무지다고 주변 어르신들 입소문의 주인공이었다. 손이 야물어서 내가 하는 일에 두 번 손 볼 일 없이 시원하게 일 처리를 했다. 한마디로 어른 한몫을 톡톡히 해내는 일꾼이었다. 그런 나를 아버지는 학교 다니는 딸내미가 아니라 바쁜 철에 일손 하나 보태는 일꾼이었던 것 같다.

어린 나이에 나는 벼 탈곡기를 직접 발로 밟으며 나락을 한 줌씩 잡고 탈곡했다. 그걸 아버지와 동일하게 호흡을 맞추면서 말이다. 그게 어떻게 가능했는지 지금 생각하면 아이러니하다. 그 어린애가 어른들도 힘들어하고 조심해야 하는 탈곡기 앞에서 겁 없이 해냈는지 내가 직접 했는데도 믿어지지 않는다. 어른이 되어서 가끔 상상을 해본다. 벼 탈곡기에 벼를 털다가 딸려 들어가는 끔찍한 상상을. 그렇게 위험했던 일을 무사히 잘 해냈다는 안도의 숨을 내쉬곤 한다.

소풍 가고 싶다고 왜 한 번도 말하지 않았을까. 말했다 한들 상황은 변하지 않았을 것이다. 아버지 일하시는 계획에 틀어짐은 없었다. 먹는 일이 크다지만 유난히도 우리 집은 일이 많았던 기억이 있다. 땅이 많아서가 아니다. 우리 집보다 훨씬 많은 땅을 가지고 있어도 쉼 없이 일하는 것 같지는 않았다. 빈틈없이, 완벽하게 해야 하는 꼼꼼한 아버지 성격 탓에 일하는 시간은 배로 걸렸다. 그래서일까 수확량도 늘 이웃보다 더 많았다는 걸 난 알고 있다.

인생 중반에 서서 가을을 맞이한 나는 다른 가을의 추억을 만들고 싶다. 선머스마처럼 짧은 커트 머리에, 누구의 옷인지조차 모르는 색바랜 츄리닝을 입고, 빨강, 노랑꽃이 빼곡히 그려진 토시를 끼고, 목에 수건을 걸치고 논 가운데 서 있는 안쓰러운 아이. 그 아이를 행복하게 보내주고 싶다. 부러움의 표정도 내색하면 안 된다는 무표정으로 서 있는 아이. 마음 한구석에 창피함과 나는 왜? 라는 질문을 던지며 지금도 덩그러니 홀로 서 있는 아이가 있다. 그 아이를 보고 있노라면 눈시울이 뜨거워진다. 살며시 다가가 손을 잡아본다. 뭐라 말할까. 그 아이 앞에서 나는 지금도 할 말을 찾지 못했다.

가을은 중년의 계절이라는 말이 전혀 어색하지 않게 다가온다. 지나온 시간의 열매를 거두고, 풍성함 속에서도 서늘한 바람이 깃드는 것처럼, 성취와 허무가 나란히 머무는 시기. 봄이 지나고 여름이 지나 가을에 들어선 나는 어떠한 열매를 맺었고 거두려는 것일까. 나는 아직도 봄을 보내지 못했다. 씨앗조차 뿌리지 못한 채. 웃지도 울지도 못하는 아이를 품고 있다. 아무렇지 않은 듯 나의 자녀들에게 말하곤 했다. 소풍 가지 않아도 그때는 지금처럼 아프지 않았다. 지금이 더 아프고 그 아이가 불쌍하다. 지금도 나는 그 아이의 손만 잡고 있다. 무슨 말을 해야 할지…. 용기를 내본다. "문희야…" 이름을 부른 순간, 이어진 건 말이 아니라 긴 침묵이었다. 그 침묵 속에서 우리는 눈물만 흘렸다.

"그래, 울어라. 실컷 울어버리자."

아이의 작은 손이 나의 허리춤을 잡고 가슴 속으로 깊이 파고들었다.

"미안하다. 오랫동안 너를 혼자 두어서…"

아이의 흐느낌 속에서 조심스레 흘러나오는 떨림의 소리에는 소풍 가고 싶었다는 마음과 자신으로 인해 엄마가 힘들어질까 봐 말할 수 없었던 사연을 내놓는다. 아이는 엄마의 힘듦까지 감당하고 있었다.

"이제 그만해도 돼. 그 모든 것은 네 잘못이 아니야, 얼마나 힘들었을까…"

아이는 그동안 참아왔던 서러움을 눈물로 토해내고 있었다. 촉촉한 눈동자, 한결 밝아진 모습으로 나를 올려다보며 이제 괜찮다고 되레 나를 위로한다.

"고맙다. 잘 이겨내줘서"

아이는 잡고 있던 내 손을 살며시 빼며 뒤돌아서 가다가 나에게 따뜻한 미소와 안녕이란 손을 흔들며 햇살 따라 걸어간다.

이번 가을은 아름답다. 자연스러운 주름과 살짝살짝 비치는 흰머리가 곱다. 조금은 까슬하고 힘줄이 드러난 손등도 내 살아온 흔적이기에 소중하다. 훌쩍 커버린 아들의 어른스러움, 손주를 안겨준 딸아이의 힘들다는 투정, 그런 딸을 걱정하는 사위의 마음. 모두 모두 고맙다. 재롱부리는 손주를 보며 나는 알고 있다. 나의 가을은 아름답고 풍성함으로 빛나고 있음을.

관계의 힘

우리는 태어나면서부터 관계를 맺고 태어난다. 혈연으로 맺어진 가족이나 친척은 나의 의지와는 상관없이 부여되는 인간관계다. 어찌할 수 없는 운명적 관계인 것이다. 인터넷이 발달한 지금은 전 세계 누구와도 친구가 될 수 있는 세상이다. 남녀노소 상관없이 사진 하나로, 글 하나로 말이다. 이렇게 맺어진 친구의 관계는 탈퇴하면 그것으로 끝이 난다. 그러나 혈연으로 맺어진 관계는 탈퇴하고 싶다 하여 탈퇴할 수 있는 것이 아니다. 만남이 뜸해질 수 있고 연락 두절일 수는 있지만 혈연관계는 평생 지속된다.

특히나 우리나라는 혈연만큼이나 관계 유지 지속성이 뛰어난 지연, 학연도 있다. 이 관계 또한 트위터에 가입하듯 가입하고 싶다고 해서 가입할 수 있는 관계가 아니다. 그와는 달리 직업적 이해관계나 가치관 관계로 맺은 관계도 있다. 즉 신념, 종교, 취미 등을 함께할 때 형성되는 인간관계이다. 이러한 관계는 내 뜻에 따라 가입과 탈퇴가 자유롭다. 지금을 살아가는 우리는 많은 보이지 않는 관계망 속에서 세상을 살아간다. 혈연, 지연, 학연만으로 살아갈 수 없는 넓은 세상을 더 다양한 관계 속에서 삶의 균형을 찾아가고 있다.

관계의 모습은 여러 가지로 드러난다. 나와 맞는 사람을 만나 둥글둥글 평탄한 둥근 모양이 있는가 하면 각을 세우며 거리를 두는 네모난 모양도 있다. 서로를 찔러 상처를 주는 송곳 모양도 있고 쉽게 변하지 않는 심지를 두고 부딪치며 싸워 빛나는 별 모양도 있다. 언제나 주변을 밝고 따뜻함으로 온정을 베푸는 아름다운 하트모양의 관계도 있다. 어떠한 사람과 관계를 맺느냐에 따라 내 삶의 모양은 달라질 수밖에 없다. 그래서 삶은 결코 내가 원하는 하나의 모양만으로는 완성되지 않는다. 어쩌면 그 모든 모양이 어울려 나의 삶을 빚어내는 것일지도 모르겠다.

그 어떤 나라보다도 우리나라는 혈연, 지연, 학연으로 둘러싸인 관계 유지가 심각하리만큼 깊다. 그래서 쉽게 변화하지 못한다. 21세기 AI시대가 열린 현대에 살면서도 조선시대 사대부 정신이 아직도 곳곳에 뿌리내려 역한 냄새를 풍긴다. 혈연, 지연, 학연의 끈이 없으면 기회의 문은 많이 좁아진다. 인정하고 싶지 않지만 인정하지 않을 수 없는 현실이다. 문이 좁으면 들어가기 위해 더 노력하기보단 편법으로 가는 길을 선택한다. 그럴 수밖에 없다. 더 노력하지 않아서 그 자리에 못 가는 것보다 일차적인 관계가 없어서 못 가는 경우가 의외로 많다. 일차적인 관계는 살다가, 살아가면서 만들어지는 것이 아니다. 그러다 보니 노력이라는 열심은 뒤로 미뤄두고 빠른 편법을 사용한다. 노력은 끈이 없는 사람들의 몫이 되었다.

아주 작은 실오라기 같은 관계만 있어도 그 줄을 잡고 돈을 덧바른다. 어떻게든 관계를 맺어보려 애를 쓴다. 없는 관계를 돈으로 만든다. 들이민 돈은 욕심으로 가득한 양반들의 웃음소리를 걸걸하게 하는데, 지금도 책상 앞에서 그 모습은 이어지고 있다. 양반 시대는 끝났지만 양반 흉내는 여전하다. 깨끗해야 할 자리에서 권력의 부패가 먼저 자리를 잡아 구릿한 냄새를 솔솔 풍기고 있다.

어느 기관에 버스 운전기사 자리, 환경미화원 자리 하나를 얻으려고 몇천만 원의 돈을 주고 대기 순으로 기다리고 있다는 말이 간간이 들린다. 광고는 보이기식일 뿐이다. 이미 정해진 내정자가 있으면서 쇼를 즐긴다. 겉으론 아닌 척하면서도 뒤로는 썩은 짓을 일삼는 모습에 구역질이 날 지경이다. 어디 한 곳만 그럴까. 작은 회사에서도 낡고 해진 끈이라도 없는 것보다는 낫다 하니 양심들이 화인 맞은 세상이다.

변하지 않는 구질구질한 전통은 숨통 끊어지듯 끊어지면 좋으련만 지독하게도 길다. 이기적인 마음 나만 좋으면 된다는 그 마음은 사람에게서 좀처럼 사라지지 않는 긴 명줄을 타고난 듯하다. '나'만 이라는 생각에 옳고 그름조차 가리지 않는다. 이익만 된다면 내 마음을 그 어떤 모양이라도 그 안에 끼워 맞춰버리는 개념 상실자가 허다하다. 그걸 알고 있는 이기적 두목들은 돈으로, 권력으로 마음들을 사서 흙탕물의 세상을 영위해 간다.

관계에서는 중간이 없다는 사실에 낙심하게 된다. 민주주의든 자본주의든, 어느 하나에 치우칠 수는 없다. 모든 것이 동전의 양면이다. 적당히 중간의 선을 잘 지켜나가야 하는 것이 우리 사람 관계의 일선일 텐데. 어느 하나에 올인은 결국 자유일 수 없고 행복일 수 없음을 안다. 그러기에 민주주의를 외치다가도 입을 막고, 자본주의를 비판하다가도 입을 막는다. 모든 것이 필요하나 선을 지키지 않으면 없는 이만 못하는 결과에 부딪힘을 지금도 우리는 경험하며 살아간다. 관계에 있어 그 누구도 배제할 수 없다. 관계 유지에는 너와 나 그리고 우리가 다 같이 행복해야 한다는 사실을 잊어버리면 평화의 관계 유지는 힘들다.

다행이다. 구릿한 냄새보다 구수하고 향긋한 냄새가 진해서 말이다. 소수의 힘이 세상을 좌지우지할 것 같아도 그들만의 말이고 생각이다. 그들의 세상은 결국 한쪽 귀퉁이에서 벽 긁는 소리에 불과하다. 물론 크나큰 타격이 있음도 사실이다. 그러나 따뜻함이 물씬 풍기는 사람들의 관계 속에서 그들의 소리는 오히려 교훈이 되어 강력한 힘을 만든다. 이기적임으로 갑옷을 입으면 따뜻함으로 갑옷을 녹인다. 자기 배만 살찌우려는 사람보다 같이 배 부르자 하는 사람들이 많기에 사회는 썩은 듯하나 결단코 썩지 않는 물이 되어 계속 흐를 것이다. 관계의 힘은 따뜻할 때, 자유로울 때 더 큰 힘을 발휘한다.

선택한 만큼 살아가는 삶

 우리는 태어나고 죽는 일 빼고는 매 순간 선택이라는 바둑돌을 두며 살아간다. 짜장이냐 짬뽕이냐는 삶의 윤활유 같은 선택이 있는가 하면, 일생일대의 매우 중요한 선택을 해야만 하는 순간도 있다. 흔치 않은 일생일대의 선택을 두고 삶을 논하기에는 너무 무겁고 재미없다. 나는 우리가 살아가면서 흔하게 경험하는 일상에서의 선택을 말하고 싶다. 행복한 순간에도 한쪽 마음에선 고민이 스며드는 선택, 즐거운 자리에서도 불현듯 눈물이 차오르는 야릇한 선택, 울고 웃는 삶 속에서 나의 선택 하나가 가져다줄 변화에 대해 말하고 싶다. 얄궂은 삶 속에서 선택이라는 바둑돌은 어떻게 두어야 할지, 언제 두어야 할지, 그 한 수가 우리에게 어떤 기회를 주고 의미를 남기는지 함께 생각해 보고 싶다.

 선택 하나로 인생이 뒤바뀌는 사람이 있다. 한 번의 선택으로 평생 누리지 못할 부를 얻는 사람이 있는가 하면, 재산가가 하루아침에 빚더미에 오르는 사람도 있다. 선택이란 이처럼 극과 극을 달릴 수 있는 결과를 낳기도 한다. 그러나 우리의 삶은 극적인 선택보다 자잘한 선택들로 울고 웃는 평범한 일상으로 채워져 있다. 젊은 사람이든 나이 든 사람이든 누구나 경험을 통해 알고 있을 것이다. 선택은 늘 웃음만 안겨주지 않는다. 그렇다고 눈물만 안겨주는 것도 아니다. 어쩌면 우리는 감정의 파도를 건너며 선택이라는 바둑돌을 놓고 있는지도 모르겠다.

선택이라는 그 하나가 주는 것은 희로애락이 아닐까. 나는 여기에서 작은 하나를 발견한다. 잘한 선택이든 후회스러운 선택이든 삶의 고갯길은 뛰어넘을 수 없고 한 발 한 발 걸어가야 한다는 사실을. 걷는 동안에도 우리는 수없이 많은 선택의 기로에 선다는 것을. 그때 우리는 잘한 선택은 잘한 대로, 후회되는 선택은 좀 덜 후회되는 선택으로 방향을 돌릴 기회가 또 한 번 주어진다는 사실을 알았으면 한다. 한 번 선택이 후회라고 해서 그 후회를 끝까지 짊어지고 가야만 하는 것이 아니다. 우리가 걷는 인생길은 언제나 새로운 선택을 허락하는 열린 길임을 기억하면 좋겠다.

'순간의 선택이 10년을 좌우한다'는 광고가 생각난다. 이 광고는 1980년대 유행한 가전제품 광고 문구다. 초등학교 때 들었던 오래된 광고임에도 또렷이 기억난다. 짧은 순간의 선택이 오랜 시간, 아니 어쩌면 누군가에는 평생을 좌우할 만큼 선택의 중요함을 강조한 것이리라. 어찌 이 말이 광고에만 국한될 수 있을까. 인생을 살아감에 있어 사실 하나를 던져 놓고 우리에게 어떤 선택을 하며 살 것이냐를 묻는 것 같다.

삶을 살아갈수록 부족함도 보이지만 지혜가 자라고 있음도 느낀다. 선택은 결코 쉬운 일이 아니다. 선택에는 책임이 따르고 삶이라는 생활에 직접적으로 개입되기에 신중할 수밖에 없다. 나에게도 선택은 늘 어려운 일이다. 무엇을 먹든, 고르든 상대방에 따라 맞춰가는 것을 좋아한다. 선택이 어렵다고 해서 인생길에 선택이란 과정을 건너뛸 수는 없다. 매 순간 선택은 어려워하는 나에게도 동일하게 주어지고 있었다. 지금 이 자리에 있다는 것이 선택한 결과이다. 때로는 선택한 일로 후회의 날들을 보낸 적도 적지 않다. 그중 한 가지 아직도 생생히 남아 있는 아픈 선택이 있다. 그 흔적은 지금도 내 인생길에 함께 하고 있다.

오랜 시간 근심과 걱정을 안겨 주고 평안을 빼앗아 간 선택. 그것은 평범한 일상이 얼마나 값지고 소중한 일인지 삶의 공부를 톡톡하게 한 선택이기도 하다. 한 가지 확실히 밝힐 수 있는 건 생활의 근간을 흔드는 일은 꼭 해야만 하는 선택에서가 아니라, 해도 되고 안 해도 되는 사소한 선택에서 비롯된다는 것이다.

내 생활을 뒤흔든 것도 그러한 선택이었다. 한 번 마음에 들어온 일이 쉽게 떠나지 않았다. 관심을 끊으려 하면 할수록 생각은 꼬리를 물었고 미련이란 놈은 나를 쉽게 놓아주지 않았다. 미련이 욕심으로 자라나 터무니없는 꿈을 키웠다. 그 달콤한 꿈에 마음이 사로잡히면서, 나는 이성보다 감정에 기대어 결국 하지 않아도 될 일을 저질렀다. 무엇보다 큰 잘못은 남편과 상의하지 않았다는 점이었다. 말할 기회가 있었음에도 그 마음을 억눌렀다. 좋은 결과로 자랑하고 싶다는 마음 때문이었다. 돌아보면 후회를 낳는 결정은 대개 가까운 이에게조차 말하지 못한 채 혼자 감추고 진행된 일이었다. 만약 그때 남편과 상의했더라면 결과는 달랐을 것이다. 선택했든 하지 않았든 무게는 덜했을 것이고 평안을 잃어버린 지옥 같은 시간은 겪지 않아도 될 일이었다.

감정이 빠지고 정신을 차렸을 때는 이미 돌이킬 수 없는 강을 건넌 뒤였다. 감정이 정리되자 후회가 밀려왔고 그 후회는 불안을 낳았다. 선택으로 인해 눈에 보이는 변화가 생긴 것도 아닌데 내 마음은 불안의 씨앗이 퍼져 있었다. 얼마 지나지 않아 남편이 알게 되었지만 크게 신경 쓰지 않았다. 내가 느낀 무게와 다른 무게로 받아들인 것 같았다. 오히려 다행이라 생각했다. 내 선택으로 생긴 일이기에 그 무게는 나 홀로 감당하리라 마음먹었다. 오랜 시간 동안 남편 앞에서 평온한 연기를 하며 살아왔다. 홀로 그 무게를 감당하며 보낸 시간들. 되돌릴 수 있는 능력이 나에게 있다면 사건이 일어나기 전으로 돌리고 싶었다.

다른 사람이 보기에 나는 그리 험난한 삶을 살지 않았다. 감정과 욕심이 섞인 선택을 하기 전까지는. 사람들은 선택의 결과를 보고 잘잘못을 논한다. 삶은 결코 결과만으로 답을 내릴 수 없지만 유한한 우리는 주로 결과로 판단할 수밖에 없음을 안다. 지금 내 선택을 돌아보면 잘했다고도, 잘못했다고도 할 수 없다. 다만 그 선택으로 보낸 시간은 평안이 아닌 불안의 연속이었기에, 나에게 그것은 잘한 선택이라 말할 수 없다. 오랜 세월 평안 없는 삶을 살며 나는 딱 죽겠다 싶은 순간까지 이

르렀다. 내가 바라는 것은 평안한 마음으로 잠들고 그저 평범하게 웃어보는 삶이었다. 그래서 나는 살기로 마음먹었다. 내가 살 수 있는 방법은 남편에게 지금의 상황을 솔직히 털어놓는 것이었다. 말한다고 해서 결과가 바뀌는 것은 아니었다. 그러나 말했다는 그 하나가 그동안 짊어지고 있던 불안과 근심, 걱정을 모두 내려놓을 수 있게 했다. 숨이 트이고 웃음이 나왔다. 오랜만에 남편과 눈 맞추며 내가 살아있음을 실감했다. 마치 올무에서 벗어난 새처럼 나는 자유로움을 느꼈다. 나는 또 한 번의 기회를 붙잡아 삶의 방향을 바꾸었고, 그 길은 전혀 다른 삶으로 나아가도록 나를 이끌어 주었다.

오랜 시간 희망 없는 세상 속에 나를 가둔 선택은 억대 대출을 받아 건물을 구매한 일이었다. 노후 준비라는 명목에 욕심을 더한 선택이었다. 지금은 발전하는 지역이라 방송에도 나오지만 그 시간은 좀 더 걸릴 것 같다. 너무 늦은 감은 있지만 깨달았다. 선택한 결과는 바꿀 수 없지만 책임을 지는 방향으로 나아가는 길은 바꿀 수 있다는 사실을. 힘든 길이라고 마음까지 근심 속에 가둘 필요는 없었다. 이미 들어선 길 돌이킬 수 없다면 고통 대신 기쁨을 선택하며 살아가는 것이 백번 잘한 선택 아닐까. 물론 말처럼 쉽지 않다. 감정이라는 것이 손바닥 뒤집듯 변하는 것이 아니어서. 그 전에 먼저 자신에게 어떻게 대하고 있는지 살펴보길 바란다. 우리는 흔히 자신에게 너무 엄격한 잣대를 들이대며 오랜 시간 자책하고 있지는 않은지. 나는 나에게 상당히 그런 편이다. 사람들은 잘못된 결과로 자신을 벌주려는 마음을 은연중에 품는 듯하다. 일말의 양심이라도 있는 사람처럼 감정에 책임을 지우려는 어리석음이 깔려있다. 그래서 자신을 불안과 근심, 걱정이라는 도가니에 밀어 넣는다. 나는 그 책임을 감정에 얹으라 말하고 싶지 않다. 물론, 결과에 대한 책임은 마땅히 져야 한다. 하지만 그 책임을 지는 시간을 조금이라도 평안한 마음으로 해결해 나가길 바라는 것이다. 얼굴에 어둠을 드리우고 칙칙한 세상을 살아가기보다, 밝은 햇살을 맞으며 행복한 얼굴로 살아가는 것이 훨씬 효율적이다. 자신이 선택한 일에 책임을 지되, 감정에 얽매이지 말고 평안 속에서 하나씩 해결하며 살아가길 바란다.

경험을 통해 또 하나의 지혜를 알게 되었다. 앞서 말했듯이 우리는 매 순간 선택하며 살아간다. 선택은 우리에게 다른 방향으로 갈 수 있는 키이자 삶의 기회를 제공한다. 이때 거짓말로 위기를 모면하려는 선택은 절대 하지 말라는 것이다. 가벼운 거짓말이든 무거운 거짓말이든 거짓으로 메꿔진 그 순간은 시간이 지나면 올무가 되어 나를 집어삼킬 것이다. 나에게 찾아오고 있는 좋은 기회를 작은 거짓말로 인해 차버리고 있다는 사실을 기억해 두길 바란다. 선택하는 일에서도 거짓말을 빼면 방향을 쉽게 변경할 수 있다. 그러나 한번 거짓이 포함된 선택은 방향을 돌리기에도 애를 먹는다. 살아가는 동안 수많은 선택을 마주할 때 거짓은 빼고 하자. 그러면 어떠한 선택을 하든지 살 만한 인생이 될 것이다.

나는 상대를 배려한다는 이유로 나의 감정을 숨겼다. 괜찮은 듯 평안한 듯, 그 결과 긴 시간 평안을 빼앗긴 삶 속에서 살아왔다. 가정을 이루고 산다면 서로에게 거짓 없이 모든 걸 털어놓고 풀어나가길 바란다. 혼자 살아도 가족에게 말하는 것만으로 마음의 짐은 훨씬 줄어든다. 말하고 안하고의 차이는 하늘과 땅만큼 크다. 상대를 배려한다는 이유로 거짓을 말할 합당함은 없다. 무엇이든 거짓 없이 말하고 위로의 말을 건네는 것이 서로가 행복해지는 길이다.

인생길은 내가 만들어간다는 말을 들은 적 있다. 이제야 그 말의 뜻을 조금 알 것 같다. 산골짜기 길을 걸을 때도 이왕 걸어야 하는 길이라면 골짜기의 좋은 점을 이용하며 걸어보는 것이다. 꽃길이라고 마냥 좋기만 할까. 걷다 보면 발에 똥이 묻을 수도 있고, 풀뿌리에 걸려 넘어질 때도 있을 것이다. 좋다고 기본마저 팽개치고 길을 나설 수는 없다. 좋은 길은 더 좋은 마음으로 걷기 위해 준비가 필요하듯, 인생길 또한 준비하며 걸어가야 한다. 길마다, 상황마다 준비할 것이 무엇인지 생각하고 지혜를 담아 걷는 연습을 하자 말하고 싶다. 꺾이지 않고 부드럽게 넘어가는 방법도 배우면서 말이다. 모르는 것은 인생 선배를 통해 배우고 아는 것은 실천하며 살아가는 것이다. 모든 선택은 결과를 알 수 없기에 그 선택에 대해서 자신을 인정해 주는 것도 자신에 대한 작은 배려라고 생각한다. 한 번의 선택으로 화(禍)나 재(災)로 끝맺지 않음이 천만다행이다. 이런저런 상황 속에서도 모두가 평탄하게 살아가길 바란다.

시소 타는 부부

초등학교 구석진 모래밭에 작은 시소가 눈에 띈다. 어릴 적 학교에서 보았던 시소와는 크기와 모양이 사뭇 다르다. 어른이 되어 바라보니 그저 아담하고 무섭지 않은 작은 아이들의 놀이기구에 불과했다. 그러나 내 기억 속 시소는 처음부터 끝까지 차가움과 무거움이 느껴지는 쇳덩이였다. 혹시라도 넘어지면 크게 다칠 것 같아 불안했던 놀이기구였다. 그 시소가 있던 자리는 모래밭이 아닌 딱딱한 땅이었고 오르내리며 엉덩이로 찍어 만든 땅의 흔적이 패인 채 누군가를 기다리고 있었다.

내 발걸음은 자석에 이끌리듯 시소 앞에 멈춰 서 있다. 무거움이나 차가움이 아닌 따뜻함이 느껴진다. 쇳덩이의 무서움 대신 안정감 있는 소재가 주는 따스함에 마음이 놓인다. 모래밭에 자리 잡은 시소는 내 마음을 부드럽게 어루만져 주었다. 떨어지는 충격을 최소화하기 위해 타이어까지 심어 놓았다. 내가 다녔던 초등학교 시절에는 이러한 배려는 없었다. 지금 와서 돌아보니 무지막지했던 시절이었다. 아이들이 많으니 하나하나 세심하게 살피지 않아도 된다고 여겼던 걸까. 지금은 아이들이 귀한 시대라 하나에서 열까지 정성을 쏟은 흔적이 역력하다. 다행이다. 삶의 질이 좋아지고 복지에 눈을 돌린다는 것은 좋은 현상이다. 어떠한 핑계일지라도 그 마음이 아이들의 생활 공간에 반영되어 안전한 환경을 만들어 주니 감사할 일이다.

시소에 앉았다. 나는 남편과 마주 보고 앉아 공중으로 올랐다 내렸다를 반복하며 동심으로 돌아가 추억을 나눈다. 그네를 타다 높은 공중에서 떨어진 친구의 일, 뒤에서 그네를 밀던 아이의 이마가 찍혀 피를 흘리던 일, 플라타너스 나무에 올라가 내려오지 못하고 울던 아이의 일, 쉬는 시간에 정신없이 놀다 종소리에 놀라 달리다 넘어져 무릎이 까진 일, 여학생들 고무줄놀이를 방해하고 줄을 끊어 놓은 일, 칠판에 낙서하다 선생님께 혼난 일, 우유를 먹는 부잣집 아이의 할 일을 대신 해주고 보상처럼 우유를 받아먹었던 일. 운동회 연습하다 호되게 혼나던 날들, 운동회 날 엄마 손잡고 함께 뛰던 순간, 청백 계주에서 들려오던 응원 소리까지 그 모든 것이 우리의 작은 역사였다. 이야기하는 내내 우리 부부는 그 시절 친구들을 실제로 만나고 있는 듯했다.

지금 우리는 50 중반을 걸어가고 있다. 자녀가 새로운 사람을 만나 가정을 이루고 또 아이가 태어났으니 긴 세월이 흘렀음을 삶이 증거되어 남아 있다. 세월의 흔적이 귀한 자녀로 남아 있다는 사실이 참 다행스럽다. 이제는 부부로서의 또 하나의 아름다운 증거를 남기고 싶다. 지금까지 살아온 시간도 아름답지만 좀 더 욕심을 내볼까 한다.

시소를 타며 앞으로 이렇게 살아가리라 마음을 먹는다. 시소는 마주 보고 타야 한다. 지금까지 같은 방향을 보고 달려왔다면 이제는 세월의 흔적이 묻은 얼굴을 마주하며 "그동안 고생했소" 한마디 주고받는 시간을 가지리라. 시소는 한쪽이 오르면 다른 쪽은 내려가야 하는 놀이기구다. 두 사람이 동시에 오르거나 내릴 수는 없다. 젊을 때는 동등함을 고수하며 이기려 했다면 이제는 이해와 존중 그리고 우러러볼 수 있는 연륜의 진함을 삶에 녹이며 살리라. 올라가 있는 그 시간을 누리고 싶다면 땅에 두 발을 딛고 힘을 다하여 버텨보는 존중의 마음도 보이리라. 아래에서 올려다보는 따뜻한 눈길 속에서 "그동안 수고했소" 무언에도 화답할 수 있는 마음이 통하는 그런 부부로 살아가리라 다시 한번 다짐해 본다.

 높이 있다고 해서 거들먹거리거나 저 아래에 있다고 해서 무시하는 것이 아니라 우리는 서로가 꼭 필요한 존재라는 걸 더 진하게 느끼는 삶의 시간을 보내고 싶다. 즐거움을 더하려면 서로를 위해 땅에 닿은 발을 힘껏 굴려 주어야 한다. 그렇지 않으면 오르다 말고 무거운 쪽으로 기울어져 원치 않는 자리에 오래 머물게 될지도 모른다. 이제는 어느 한쪽의 무게감에 치우치는 삶이 아니라 배려로 균형을 이루며 포근히 익어가는 중년의 신사와 중년의 여인으로 아름답게 살아내고 싶다.

 때론 수평을 맞추는 고도의 기술이 필요한 것이 시소이다. 위와 아래만을 고집하지 않고, 서로 무게가 다르더라도 균형을 이루며 마주 보는 묘미 또한 즐길 수 있다. 두 사람이 수평을 이루며 마주 보는 것은 작은 호흡까지도 영향을 받을 수 있기에 숨결을 조율하며 상대의 상황을 살피는 세심함이 필요하다. 늙어갈수록 위아래로 밀고 당기기보다는 마주 보며 눈빛 하나, 숨결 하나 놓치지 않는 삶을 살아내고 싶다. 수많은 사람 중에 그대를 만나, 지금까지 맞춰 살아온 서로에게 끝까지 최선을 다할 수 있는 시간. 흰머리에 주름진 얼굴, 희미해져 가는 기억력까지 보듬고 가야 하는 그 길이 쉽지 않겠지만 "그대 덕분에 이만큼 왔소"라는 말로 기억되길 바란다. 이번 생에 그대가 나의 보석이었습니다. 끝까지 함께 걸어와 주어 고맙습니다. 그대여, 그 모든 순간에 감사하며 진정 사랑합니다.

내 편이 있다는 건

어떤 상황 속에서도 내 편이 되어줄 사람이 있을까? 문득 이런 질문이 훅 들어왔다. 질문을 다시 해야겠다. '어떤 상황 속에서'를 빼면 내 편이 되어줄 사람은 여러 명 생각났다. 그러나 저 질문 그대로 나에게 물어온다면 망설여질 것 같다. 남편도, 자식에게도 아내로서 엄마로서 무조건 당신 편, 네 편이 되어주겠노라 섣불리 대답을 못 하겠다. 오래전 나는 나의 야비한 내 마음을 본 적이 있다. 기억이 가물거리긴 해도 아마도 성경을 배우면서인 것 같다. 크리스천을 찾아 처형하는 순사들이 있었다. 순사들은 사람들에게 예수의 사진을 보여주며 이 사람을 모른다고 부인하면 목숨은 살려주겠다고 말한다. 하지만 부인하지 않으면 그 자리에서 바로 처형이 이루어졌다. 참혹한 현장을 보면서도 크리스천들은 부인하지 않고 기꺼이 목숨을 내놓는다. 그때 나는 생각했다. 만약 나에게 저런 상황이 온다면 나는 어떻게 할까? 순간 내 머릿속에 번뜩이는 기발한 생각이 떠올랐다. 그들 앞에선 예수를 '모른다' 말하고 내 마음은 계속 믿으면 되는 것 아닌가? 그런 중에 또 하나 내 머리를 스치는 생각이 있다. 죽음이 두려워 모른다고 배신한 사람이 믿어준다고 기뻐할까. 가증스럽다고 침을 뱉을 것만 같았다. 결국 나는 그 질문을 주워 담았다. 그리고 내 나름 정리했다. 시련도 감당할 수 있는 사람에게 감당할 만큼만 찾아온다고. 이런 나이기에 저 상황의 시련은 오지 않을 거라고.

내 편이 되어줄 단 한 사람이 없어 스스로 생을 포기하는 뉴스가 간간이 들려온다. 생각해 보면 내가 지금 이 자리에 있다는 건 내 편이 있기에, 그리고 내 편이 있다는 걸 알기에 살아가고 있다. 세상 살면서 내 편이 있다는 건 그저 작은 위로가 아니라 어마어마한 삶의 원동력임을 알게 된다. 때로는 생명의 연장선이 되기도 한다. 드라마가 실제 사실이 아닌 창작된 이야기라 하지만 세상과 동떨어진 이야기를 다루지만은 않는 듯하다. 드라마의 이야기 소재 또한 세상에서 얻기에 전혀 무관하다 할 수 없는 이야기다. 드라마 속 장면이 뉴스 속 사건과 흡사하게 들려온다. 죽음을 선택한 이유가 혼자라는 것, 해결되지 않을 거라는 포기, 누구 하나 내 편이 되어주지 않을 거라는 절망이 불러온 결과이다. 무관심은 희망이라는 불씨마저 짓밟아 버린 최고의 무서움이다. 아이들의 세계에서부터 어른들의 세계까지 괴롭힘과 왕따, 갑질이라는 도구로 사람을 옥죄어 온다. 결국 피할 길을 찾지 못해 죽음이라는 탈출구를 선택한다. 스스로 목숨을 버린 모습이지만 그 끝에는 두려움과 괴로움이 살지 못하도록 계속 찔러대고 있었다는 흔적이 보인다. 그렇게 사람을 죽음으로 몰아간 사람들에게는 어떤 법적 책임도 따르지 않는다. 약자를 지켜주지 못하는 법은 결국 가진 자들만의 법일 뿐이다.

사랑의 반대말은 미움이 아니라 무관심이라 한다. 미움도 사랑이라는 감정이 있을 때 생기는 법. 누군가는 미움 하나로 살아왔다고 말하기도 한다. 미움이나 애증은 관심이 담겨 있다. 관심은 사람을 살게 하는 힘이 있다. 그러나 무관심은 삶의 끈을 놓게 만든다. 이건 누구 한 사람의 문제가 아니라 그 가운데 함께 했던 모든 이들의 책임이다. 함께 하고 싶어도 하지 못하는 경우도 많다는 사실을 우리는 안다. 일이 벌어진 뒤 들려오는 소리는 몰라서 그 사람을 혼자 둔 게 아니다. 그 사람 또한 두려움 때문이다. 그 화살이 자신을 향해 날아올까 봐 나름 자기방어를 한 것이다. 학생이나 어른이나 마음은 다 똑같다. 알면서도 모른 체 해야 하는 사람들의 마음을 어떻게 관심으로 돌릴 수 있을까. 이건 개인의 문제가 아니라 사회 문제인 만큼 사회가 적극 고민하고 풀어나가야 할 과제이다. 구약성경에서 말하는 '눈에는 눈, 이에는 이'라는 말이 이 시점에 왜 생각날까. 당해보지 않으면 그 아픔과 괴로움은 알지 못한다.

따돌림, 왕따는 나의 학창 시절에도 있었다. 지금과 다른 점이 있다면 집단이 아니라 두세 사람 사이에서 같이 놀아주고 안 놀아주는 정도라는 것이다. 집단으로 왕따를 시키는 일은 없었다. 그래서 왕따를 당한다고 생각하는 당사자 역시 크게 생각하지 않았던 것 같다. 당사자 마음만 잘 관리하면 크게 염려될 일이 아니었다. 지금 돌아보면 나 또한 왕따를 당한 경험이 있다. 왕따라 생각하기보단 '저 애들이 나랑 놀기 싫은가 보다. 그럼 놀지 않으면 되지' 나는 그냥 그랬다. 놀아주지 않으면 나는 안 놀면 그만이었다. 그 이상, 그 이하도 아닌 딱 그 선으로 내 감정도 그어졌다. 어릴 때부터 같은 마을, 같은 골목 위 아랫집에서 함께 자란 친구들이었다. 한때는 삼총사라는 이름으로 불리기도 했다. 하지만 중학교 시절 친구 사이를 이간질하며 한 사람씩 번갈아 외톨이를 만드는 얄미운 아이가 있었다. 어느 날 나는 혼자가 되어있었다. 학교를 가는 길도 집으로 돌아오는 길도 혼자였다. 그런데 이상하리만큼 마음에 여유가 있었다. 오히려 좋은 느낌이랄까. 묶인 답답함이 풀리는 기분이랄까. 차라리 잘 되었다고 외칠 만큼 꽤 괜찮은 기분이었다. 그 후로 나는 그 아이의 결정이 아니라 나 스스로 그들과 멀어지는 왕따를 자청했다. 중학교 3년 동안 나는 그들과 한 번의 대화도 없었다. 그럼에도 아무렇지 않게 보낼 수 있었던 건 학교에는 나를 믿어주는 친한 친구들이 있었기 때문이다. 내 편이라는 말에는 나를 믿는다는 의미가 숨어 있다. 학교에서도 나를 지지해 주는 친구가 없었다면 과연 학교생활을 즐겁게 보낼 수 있었을까? 아니, 불가능했을 것이다. 내 곁에 나를 믿어주는 친구가 있었기에 골목 친구들의 외면에도 나는 신경 쓰지 않을 수 있었다.

지금은 집단으로 덤벼든다. 많이 배웠다고 하는 사람들이 모인 곳에서조차 그렇다. 따돌림당하는 사람 곁에 있다는 이유만으로 함께 따돌림을 시킨다. 학교에서, 회사에서. 부모로 살아가면서도 비겁하고 찌질한 모습으로 부끄러운 걸음을 흘리고 다닌다. 이런 무서운 세상에서 홀로 버티기란 두려움 그 자체일 것이다. 무자비하게 쏟아지는 폭언 속에서, 비아냥 속에서, 무시함 속에서, 조롱 속에서 누군가의 생명은 꺼져가고 있었다. 내 편이 없다는 이유만으로 죽음을 선택할 수밖에 없는 현실이 그저 슬플 뿐이다. 무서움이 되어 버린 사회가 싫다. 가까운 이웃이 무섭고 같은 반 친구가 무섭고 직장 내 동료가 무섭다. 사람과 사람이 어울려 살아가야 할 사회 공간이 누군가에게는 숨쉬기조차 힘든 지옥이라는 사실이 참 가슴 아프다. 학교든 직장이든 나를 믿어주고 함께하는 친구, 동료가 있다는 건 삶의 윤활유이다. 나를 잘 모르는 단지 얼굴만 아는 사람이라도 나를 인정하는 표정, 인사 한마디가 그날 하루의 삶을 행복하게 만든다. 현대를 살아가는 사람들이 얼마나 힘든 시간을 보내고 있는지 우리는 안다. 공부하는 것만으로도 지치고, 회사에서 일하는 것만으로도 지친 이들에게 서로가 따뜻한 말 한마디 인정해 주는 깍듯함은, 서로의 생명줄을 단단히 붙잡아주는 보이지 않는 끈이라 할 수 있겠다. 이 작은 관심과 배려가 좀 더 행복한 학교생활, 좀 더 마음 편한 직장 생활이 될 것임을 믿어 의심치 않는다. 먼저는 내가 내 편이 되어주자. 내가 나를 사랑하지 않는다면 두 배, 세 배 힘든 삶이 될 것이다. 다른 사람이 내 편이 되어주길 바라기 전에 내가 먼저 내 편이 되어주자. 하나뿐인 내가 내 편이 되어준다면, 어떤 상황에서도 믿어주는 유일한 사람이 이 세상에 존재하고 있는 것이다.

조카 결혼식

흐릿한 날씨가 드디어 비를 내린다. 철벅 철벅 젖은 바닥을 밟는 소리는 그리 유쾌하지 않다. 오가는 사람들의 발걸음이 비 내리는 통에 더 바쁘기만 하다. 걸을 수 있는 여유가 있음에도 내리는 비에 옷이 젖을세라 손을 머리 위로 올리고 뛴다. 우리 손님인지, 앞서 예식을 진행하고 있는 신랑, 신부의 손님인지 분간이 어려울 만큼 북적거린다.

행사라도 있어야 만날 수 있는 친척들을 보게 된다. 좋음도, 싫음도 아닌 어색함이 쭈뼛쭈뼛 서성이게 하는 것은 어쩔 수 없나보다. 세월이 많이 흘러 모습은 변했지만 그래도 누구인지 쉽게 알아본다. 어떤 이는 세월을 곧이곧대로 맞은 듯하고 어떤 이는 세월이 비켜 간 것 같다. 내 마음은 시키지 않아도 이미 늙음과 젊음을 가르고 있다. 빈말이라도 그대로라는 말이 왜 그리 좋은지 세월을 정통으로 맞지는 않았나보다 싶어 안도의 한숨과 함께 입가에 옅은 미소가 번진다. 오늘의 주인공은 언니의 아들이다. 조금 늦은 나이에 결혼식을 올리지만 다행이다. 짝을 만나 가정을 이루고 살아간다는 것이 내심 큰 위로가 된다. 오늘따라 형부가 유난히 그립다. 언니와 형부가 나란히 앉아 있어야 할 자리에 언니 홀로 앉아 아들의 결혼식을 맞이하고 있다.

당당히 걸어가 보리라 다짐하는 표정으로, 조카는 '신랑 입장'이라는 사회자의 소리를 기다린다. 긴장 속에서도 여유로움을 보이려 애써 웃는 표정을 짓는다. 울컥하는 마음이 올라왔다. 그 아이의 발걸음에 힘을 실어 주고 싶었다. "신랑 입장" 사회자의 우렁찬 말이 떨어지자마자 발걸음을 옮긴다. 조카를 향해 "정태진, 멋있다! 힘차게 걸어라! 우~!" 이름을 불러주는 쪽으로 고개를 돌려 손을 흔들어 주는 아이는 어른이 되어있었다. 엄마 손을 잡고 걸음마를 배우던 조그만 아이가 어느새 자라 붉은 레드카펫 위를 당당히 걸어가고 있다. 만감이 교차한다. 형부가 보고 싶어 눈물이 나고 홀로 키워온 언니의 삶이 애달파 가슴이 시리다. 그런 가운데 잘 커온 조카가 대견하여 마음이 흡족하다. 감정이 뒤죽박죽 뒤엉켜 눈가를 뜨겁게 만들고 콧물마저 주책을 떤다. "태진아, 두 배로 잘 살아라. 다 살지 못하고 간 아빠의 몫까지 행복하게 잘 살거라" 소리 없는 마음을 전한다.

조카 결혼식으로 아주 오랜만에 만난 사람들이 있다. 언니로 말하면 시누이, 시동생이고 결혼하는 조카로 말하면 작은아버지들과 고모들이다. 나와의 관계는 그 어렵다는 사돈이지만 그리 어렵게만 느껴지는 사돈들이 아니다. 어릴 때부터 그 어떤 사돈보다 자주 봐온 얼굴들이라 반가움이 컸다. 형부와 언니가 부모 역할을 해왔던 터라 잘 따르는 동생들이었다. 좋음은 굳이 말하지 않아도 전해진다. 저 사람이 나를 좋아하는지 그저 인사하기도 서먹한 관계인지 자연스럽게 읽힌다. 형부와 언니로 인해 맺어진 사돈들은 모두 편안하고 좋다. 특히 막내 고모와 막내 삼촌 사돈은 좀 더 반갑다. 그동안 만날 때마다 중간에 형부가 있었다. 재미, 즐거움, 편안함이 형부가 계심으로 두 배였다. 하지만 형부가 없는 결혼식장에서의 만남은 그리움이 두 배가 되어 서로의 눈가를 적셨다. 말하지 않아도 각자의 가슴 속에 형부를 품고 지나간 긴 시간을 짧은 인사로 위로하고 있었다.

죽은 사람만 불쌍하다는 말이 있다. 여러 해석이 있겠지만 이 시간만큼은 형부도 아쉬워할 것 같다. 듬직한 아들이 어여쁜 신부를 만나 가정을 이루겠다 선포하는 이 자리가 어찌 보고 싶지 않을까. 그 누구보다도 며느리를 예뻐하고 결혼하는 아들을 놀리며 즐거워할 모습이 선명하게 그려진다. 야무지고 진지하면서도 장난기 많던 형부, 여린 마음에 눈물도 가장 많이 흘렸을 것 같다. 그런 형부가 이 자리에 없다. 사회자의 묵직하고 또박또박한 안내에 따라 예식은 차분히 진행되고 있다. 축가의 아름다운 멜로디가 한층 더 풍성함을 더한다. 감탄의 박수는 신랑, 신부를 더욱 밝고 행복하게 만든다.

자리에 있어야 할 사람이 보이지 않는다. 몸이 좋지 않아 움직이기 힘들어서, 개인 사정이 있어서, 너무 늙어 거동이 불편해서 어떤 이유이든 오늘 이 자리에 함께할 수 있다는 자체가 행복임을 나는 고백한다. 나에게 허락된 하루이기에 감사하다. 예식을 마치고 나오는 시간에도 비는 계속 내리고 있다. 오늘 만난 모든 이들이 다음 기회에도 건강한 모습으로 만날 수 있기를 마음속으로 빌어본다.

아이의 하루

흐르는 시냇물가 찾았죠
징검다리도 보았지요
건너보고 싶어 손짓하며 오라던
예쁜 아가야 사랑스러워

돌멩이 양손에 주워 들고
퐁당퐁당 물소리 흥겨워
기분 좋아 걸음마다 음악 소리가
물풀 덩달아 춤을 추누나

발가락 사이로 밀려오는
부드러운 물결 춤추는 빛
작은 손가락에 흘러내린 물방울
입가에 미소 가득 담는다

풀 위에 살포시 앉았어요
찾아온 햇살에 손 흔들고
날아간 흰 나비 또다시 올까 하여
맑은 눈동자 반짝거려요

시간은 집으로 가자하고
아이의 마음은 냇물처럼
멈출 줄 모르고 가슴에 스며드는
아이의 예쁜 하루가 간다

EPILOGUE

글을 쓰면서

특별할 것 없이 살아왔습니다. 태어나 보니 우리 엄마, 아버지 딸이고 지지리 궁상맞게 살지 않아도 될 삶을 엄마, 아버지 삶을 보고 자란 나는 그 삶이 옳은거라 생각하며 내 자신에게 악착같은 생활을 몸에 배게 살아왔습니다.

산골 아래 촌마을에서부터 시작하여 길고 긴 여정을 걸었습니다. 보이지 않는 신의 이끌림으로 지금 이곳에 온 것인지, 이 세상에 떨어지기 전 스스로가 계획한 대로 걸어온 길인지 알 수는 없지만 현재 삶의 도착지는 지금 있는 이곳입니다. 걸어오는 내내 순간을 계획 없이, 때론 계획 중에 흔적을 남겼겠지요. 수많은 발걸음 속에 남은 추억들이 있습니다. 더듬어 찾아낸 추억도 있고 찾지 않아도 될 새겨진 추억도 있습니다. 살다가 뒤돌아보면 인생 앞에 무릎 꿇는 것 같아 뒤를 돌아보려 하지 않았던 때가 있었습니다. 이제는 뒤를 돌아봐야 할 것 같습니다. 돌아볼 마음의 여유도 생긴 것 같고요.

각양각색의 삶이 스치고 지나갑니다. 어떻게 그 길을 걸어 왔누…? 저 길은 눈 깜짝할 새에 지나갔구나! 돌아가는 필름에 세월의 무게를 느끼는 감정을 조심스레 얹어보네요. 눈물 많았던 만큼 행복도 컸던 날이 있었습니다. 고달픔을 등에 업고 메마른 사막을 걸었던 시간도 있습니다. 잠시 멈춰 서서 뒤돌아보는 이 시간 추억으로 버티고 추억을 쌓으며 살아왔음을 실감합니다. 돌아서 보이는 모든 길이 추억이더군요.

삶의 길에 추억이란 면역력이 없었더라면 언제, 어디에 주저앉아 포기했을지 모르겠습니다. 다행입니다. 나에게도 많은 추억이 있다는 것이. 좋음은 좋은 대로 아픔은 아픔대로 슬픔은 슬픔대로 각각 인생에 예방접종이었고 면역력을 키워주는 과정이었음을 이제는 알 것 같습니다. 추억에는 너무 이른 나이도 너무 늦은 나이도 없습니다. 우리 아이들에게 말해주고 싶습니다. 인생이 힘들거나 무료할 때 걸어온 길을 뒤돌아볼 수 있는 여유를 가져보라고. 거침없이 순조롭게 뻗어가는 길에서도 잠깐 숨 고르는 시간을 가지라고. 결국 어제 걸어온 길이 있었기에 오늘도 걸을 수 있는 길이 준비된 것임을 잊지 않기를 바라는 마음에서입니다. 지금도 나에게 오늘이 있고 삶의 소리가 들리는 것은 나와 함께 하는 이들이 있기 때문입니다. 나를 힘들게 했건 나를 웃게 했건 삶의 소리를 낼 수 있었던 건 그 누군가가 언제나 나와 함께 있었기에 가능했음을 압니다. 젊은 날의 추억을 가끔 끌어당겨 젖어 들 때 너무 아파할 것도 슬퍼할 것도 아닌 추억 그 자체로 행복할 것 같습니다. 이 책을 쓰면서 행복했습니다. 부족함에 부끄러움도 있지만 삶이라는 길에서 함께 어울리며 보낸 모든 사람에게 감사하다는 말을 전하고 싶습니다. 알고 보낸 인연도 있지만 알지 못하고 스치는 인연도 있겠지요. 내 삶의 꼭 필요했던 당신이라고 말해주고 싶습니다.

내 편이 있다는 건

초판 1쇄 발행 2025년 10월 22일

지은이 양문희

펴낸이 임병천
펴낸곳 책나무출판사
출판신고 2004년 4월 22일 (제318-00034)

주소 서울시 영등포구 신길3동 325-70 3F
전화 02-338-1228 **팩스** 0505-866-8254
홈페이지 www.booktree.info

ⓒ 양문희 2025
ISBN 978-89-6339-757-3 03810

*이 책의 판권은 지은이와 책나무출판사에 있습니다.
*양측의 서면 동의 없는 무단 전재 및 복제를 금합니다.
*잘못된 책은 바꿔드립니다.